Vito Tagliente (Hg.)

Kristina Hofmann

Englischunterricht auf Schulhof & Co.
Klasse 5/6

Stundenentwürfe zu Lehrplaninhalten für aktiv-
entdeckendes Lernen außerhalb des Klassenzimmers

Der Herausgeber:

Vito Tagliente: Ausbildungsleiter für Grund-, Haupt-, Real- und Förderschullehramt für Deutsch und Diagnostizieren, Fördern und Beurteilen

Die Autorin:

Kristina Hofmann: Lehrerin für Englisch und Hauswirtschaft an einer Realschule

Gedruckt auf umweltbewusst gefertigtem, chlorfrei gebleichtem und alterungsbeständigem Papier.

1. Auflage 2016
Nach den seit 2006 amtlich gültigen Regelungen der Rechtschreibung
© Auer Verlag
AAP Lehrerfachverlage GmbH, Augsburg

Illustrationen: Corina Beurenmeister, Steffen Jähde, Thorsten Trantow
Satz: Fotosatz H. Buck, Kumhausen
Druck und Bindung: Franz X. Stückle Druck und Verlag, 77955 Ettenheim
ISBN 978-3-403-**07847**-0

www.auer-verlag.de

In der Regel findet Unterricht ausschließlich im Klassenzimmer bzw. in Fachräumen statt. Unbeachtet bleiben die Möglichkeiten, die das direkte Umfeld im Bereich der Schule bietet. Gerade die Einbeziehung des Schulgeländes in den Lernprozess der Schüler[1] bringt jedoch Vorteile mit sich:

- Das Schulgelände bietet ganz unterschiedliche Lernorte: Pausenhof, Schulgänge, Wiesen, Sport- und Spielgeräte, Parkplätze, evtl. angrenzende Waldgrundstücke etc. Dementsprechend vielfältig kann der Unterricht auch geplant werden, wenn diese Möglichkeiten sinnvoll integriert und genutzt werden.

- Ein Wechsel der Lernstätte bietet Schülern eine willkommene Abwechslung: Der Schulalltag wird durchbrochen und die Aufnahmefähigkeit der Schüler erhöht. Durch die Nutzung des Schulgeländes als ausnahmebildenden Lernort wird eine neue Grundstimmung erzeugt. Es herrscht zweifelsohne eine andere Lernatmosphäre als im Klassenzimmer.

- Besonders nach dem Wechsel in eine weiterführende Schule kann eine effiziente Erkundungsmöglichkeit des Schulumfeldes in das Lernen integriert werden. Somit wird die effektive Lernzeit erhöht und beide Ziele – Vertrautmachen mit der alltäglichen Umgebung und Erreichen der fachspezifischen Ziele und Standards – werden gleichermaßen bedacht.

- Nachgewiesenermaßen werden sowohl die Behaltensleistung als auch die Aufmerksamkeit der Schüler erhöht, wenn sie sich beim Lernen bewegen. Durch bewegtes Lernen werden Schüler körperlich und geistig stärker aktiviert und gefordert, was insgesamt die Informationsaufnahme, -verarbeitung und -speicherung erleichtert. Insbesondere bei sonst unruhigen Schülern kann sich daraus eine erhöhte Konzentrationsbereitschaft entwickeln.

- Die räumlichen Grenzen eines Klassenzimmers fördern die beängstigende Tatsache, dass sich heutzutage nur ein Drittel aller Kinder ausreichend bewegt. Gesundheitliche und motorische Probleme sind die Folge. Durch die Verlegung des Unterrichts nach draußen und eine entsprechende Unterrichtsgestaltung kann dem in kleinen Schritten entgegengewirkt werden.

- Häufig wird aufgrund des Platzmangels im Klassenzimmer auf ein handlungs- und produktionsorientiertes Vorgehen verzichtet. Der Pausenhof als Lernstätte bietet aber nicht nur mehr Platz, sondern teilweise auch Materialien und Begebenheiten, die sich gut in den Unterricht einbetten lassen.

- Ein ganzheitliches Lernen – mit allen Sinnen – ist außerhalb des Klassenraums eher möglich als innerhalb der gewohnten vier Wände.

- Die in dieser Unterrichtshilfe vorgestellten Stunden sind meist nach kooperativen Prinzipien aufgebaut. Die Förderung und Stärkung der sozialen Kompetenz der Lernenden ist somit ein ständiger Nebeneffekt.

Ziel dieser Veröffentlichung ist es, Lehrern vielfältige Anregungen zu geben, um diese Möglichkeiten zu nutzen. Dabei werden die einzelnen Themen so aufbereitet, dass sie außerhalb des Klassenzimmers in verschiedenen Sozialformen bearbeitet werden. Die Themen decken nicht den kompletten Lehrplan eines Jahrgangs ab, sondern wurden so ausgewählt, dass ihre Bearbeitung „im Freien" sinnvoll, effektiver und einfacher zu gestalten ist als innerhalb des Klassenzimmers.

Zu jedem Thema finden Sie einführend methodisch-didaktische Hinweise. Hier wird kurz erläutert, wieso sich diese Sequenz für das Unterrichten außerhalb des Klassenzimmers eignet, sowie der Nutzen und der Lernerfolg für die Schüler begründet. Ebenso erfolgt der Hinweis auf Vorerfahrungen, die die Lernenden mitbringen sollten, um die betreffende Sequenz erfolgreich durchzuführen.

---

[1] Aufgrund der besseren Lesbarkeit ist in diesem Buch mit Schüler immer auch die Schülerin gemeint, ebenso verhält es sich bei Lehrer und Lehrerin etc.

Außerdem wird kurz die zu fördernde Kompetenz benannt und Sie erhalten einen Überblick über notwendige Vorbereitungen und Materialien.

Stifte und Extrablätter sind bei fast allen Stunden notwendig; diese sind nicht extra aufgeführt.

Aus der tabellarischen Aufstellung entnehmen Sie den Aufbau der Sequenz. In der rechten Spalte erhalten Sie jeweils Tipps zur Umsetzung, die darauf eingehen, worauf in einzelnen Phasen insbesondere geachtet werden sollte, mit welchen Problemen Sie rechnen müssen und wie man diesen entgegenwirken kann.

Außerdem beinhalten die Kapitel meist Kopiervorlagen zur Unterstützung der konkreten Umsetzung, wenn dies nötig ist.

Im Anschluss erhalten Sie Hinweise zur möglichen Weiterarbeit an dem entsprechenden Thema oder mögliche anknüpfende Themengebiete.

Beachtet werden sollten bei jeglicher Durchführung allerdings die Aufsichtsregelungen. Als Lehrer sind Sie dazu verpflichtet, Ihre Schüler im Unterricht zu beaufsichtigen. In einigen hier vorgestellten Unterrichtssequenzen ist es nicht möglich, alle Schüler gleichzeitig im Blick zu behalten. Insbesondere wenn in Kleingruppen an verschiedenen Orten auf dem Schulgelände gearbeitet werden soll, ist es deshalb dringend notwendig, dass Sie die Schüler vorher über Verhaltensregeln informieren. Ein Verlassen des Schulgeländes ohne Aufsicht sollte ausnahmslos untersagt bleiben.

Stellen Sie sicher, dass Sie für die Schüler in Reichweite bleiben und bei auftauchenden Problemen einfach zu erreichen sind.

Wir wünschen Ihnen viel Erfolg und viel Freude mit den hier vorgestellten Unterrichtsvorschlägen!

Vito Tagliente (Hg.) und Kristina Hofmann

Inhalt: Die Schüler wiederholen den Wortschatz zum Thema *Colours* spielerisch.

Methodisch-didaktische Überlegungen: Die Schüler wenden Sprache spielerisch an und wiederholen den Wortschatz zur Thematik *Colours*. Sie beziehen Stellung zu persönlichen Vorlieben und kommunizieren miteinander. Zudem üben sie das Präsentieren und Beschreiben von Sachgegenständen und werden beim Schreiben einer Kurzgeschichte kreativ.

Das Schulgelände dient als Impulsgeber bei der Suche nach farbigen Gegenständen sowie als Rückzugsort zum ungestörten Arbeiten. – Zeitbedarf: 1 Unterrichtsstunde.

Kompetenzen: Wortschatz festigen, ein Gespräch führen und dabei z. B. Vorlieben zum Ausdruck bringen, Gegenstände präsentieren, eine Kurzgeschichte schreiben

Benötigte Materialien/Vorbereitung: *colour story* (▶ S. 8), farbige Karten (Zuordnung der Farbgruppen), 1 *worksheet* (▶ S. 8) pro Schüler kopieren, evtl. Rede-Gegenstand (z. B. Ball)

Durchführung/Aufgabenstellungen	Anmerkungen/Tipps
Einstieg Der Lehrer ruft die Schüler auf dem Schulhof zusammen und erzählt, dass er heute sein Lieblings-T-Shirt trägt. Er begründet dies mit der Farbe des Kleidungsstücks *("Today I'm wearing my favourite shirt. It's pink. I really like pink.")*. Nun fragt der Lehrer, welche Farben die Schüler noch kennen. Die Schüler zählen weitere Farben auf. Anschließend teilt der Lehrer die Schüler in Gruppen (max. Dreiergruppen) ein.	*Es bieten sich heterogene Gruppen an, sodass leistungsschwächere Schüler Unterstützung erhalten.*
Erarbeitung 1 Der Lehrer liest die *colour story* (▶ S. 8) vor und bittet die Schüler, sich die in der Geschichte genannten Farben zu merken. Anschließend haben die Gruppen 5 Minuten Zeit, um für jede genannte Farbe einen Gegenstand zu finden. Die Gegenstände können in Sichtweite auf dem Schulhof gesucht werden. Es können aber auch Gegenstände gewählt werden, die die Schüler am Körper tragen, sofern sie diese ablegen können (z. B. Uhr, Schuh etc.).	*Geben Sie nach 3 Minuten eine Rückmeldung, damit die Schüler wissen, wie sie in der Zeit liegen.*
Präsentation 1 Die Gruppen stellen ihre Gegenstände im Plenum vor, indem sie diese benennen und anhand ihrer Farben beschreiben: *"This is a red shoe."*	*Achten Sie darauf, dass die Schüler in ganzen Sätzen sprechen und die korrekte Farbe nennen.*

Erarbeitung 2 Jede Gruppe zieht eine farbige Karte und der Lehrer teilt jedem Schüler das *worksheet* (▶ S. 8) aus. Die Gruppen bekommen nun den Auftrag, fünf Gegenstände in der Farbe ihrer Karte auf dem Schulgelände zu suchen. Wenn sie fünf Gegenstände gefunden haben, sollen die Schüler gemeinsam in ihrer Gruppe eine eigene *colour story* schreiben, z. B. Green-Story, Red-Story etc., und dabei die gesammelten Gegenstände mit einbeziehen. Hierfür stehen den Gruppen 20 Minuten zur Verfügung.	*Stellen Sie vorab sicher, dass ausreichend Gegenstände in den entsprechenden Farben auf dem Schulhof zu finden sind.*
Präsentation 2 Jede Gruppe stellt zunächst die gefundenen Gegenstände in einem Sitzkreis vor *("Here you can see our green collection. There is / There are ...")* und ein Schüler der Gruppe präsentiert dazu die Geschichte.	*Machen Sie an dieser Stelle deutlich, dass Gegenstände, die mitgenommen werden können, gezeigt werden können. Andere Gegenstände, wie z. B. Blumen, sollen lediglich genannt werden.*
Reflexion Jeder Schüler begründet mit einem Satz, was ihm an der heutigen Stunde am besten gefallen hat. Mögliche Reflexionsfragen: • *Think of the lesson today. What was easy about the exercise?* • *What was difficult about the exercise?* • *Is there anything you want to practise more?*	*Notieren Sie die Reflexionsfragen evtl. an der Tafel, wenn die Reflexion im Klassenzimmer durchgeführt wird.* *An dieser Stelle können Sie einen Rede-Gegenstand in die Gruppen geben, den der reflektierende Schüler so lange hält, bis er mit seinem Feedback fertig ist. Anschließend gibt er den Gegenstand an seinen Nachbarn weiter.*
Sicherung Die Schüler schreiben als Hausaufgabe eine eigene *colour story* zu einer Farbe ihrer Wahl.	

 **Möglichkeiten der Weiterarbeit:**

- den Wortschatz zum Thema *clothes* einführen und eine Modenschau planen und durchführen
- den Wortschatz zum Thema *home* einführen und Zimmer sowie Möbelstücke mit Farben genauer beschreiben lassen, z. B. Fantasiereise *My dream house*

COLOUR STORY

The class 5a is new at the Reinhard school. So today they're going to learn more about the new school. It's warm today and the teacher and the pupils are on the schoolyard. There are many *green* trees. Next to the basketball field there is a small *brown* house with a *white* door. It's the house of the caretaker. Anni likes the *yellow* windows and the *blue* doors of the school. Anusch is tired and so she sits down on the *velvet* bench near the cafeteria. The bench looks funny. It's *velvet* with *red* stripes. Then the class goes to a big *black* door. It's the gym for sports lessons. Now the lesson is over. They go back to the classroom. Bernd says, "My new school is very colourful."

WORKSHEET

Our colour story

Our colour is: _____

1. Write down five things that are your colour: _____

_____

_____

2. Write a colour story together with your group. Use all the things from your list.

Kristina Hofmann: Englischunterricht auf Schulhof & Co. Klasse 5/6
© Auer Verlag

Inhalt: Die Schüler setzen sich spielerisch mit dem Wortschatz zur Thematik *body parts* auseinander.

Methodisch-didaktische Überlegungen: Die Schüler bringen ggf. Vorwissen mit und kennen einzelne Vokabeln, die sie leicht ableiten können, z. B. *hand* oder *nose*. In dieser Stunde sollen sie ihren Wortschatz zur Thematik erweitern. Der spielerische Ansatz und das Verkleiden wirken motivierend auf die Schüler und das Klassenfoto, das an alle Schüler ausgegeben wird, kann zudem im Klassenzimmer aufgehängt werden.
– Zeitbedarf: 1 Unterrichtsstunde.

Kompetenzen: Wortschatz erweitern und anwenden

Benötigte Materialien / Vorbereitung: Kreide, 1 Utensilienkiste (1 Kappe, 1 Verband, 1 Rotstift, 1 Clownsnase, 1 Handschuh, 1 Fettcreme, 1 Ring, 1 Schal, 1 Paar Socken) pro Gruppe, 1 *worksheet* (▶ S. 10) pro Gruppe kopieren, evtl. 1 *list of utensils* (▶ S. 10) pro Gruppe kopieren, Fotoapparat

Durchführung / Aufgabenstellungen	Anmerkungen / Tipps
Einstieg Der Lehrer ruft die Schüler im Kreis auf dem Schulhof zusammen und bittet zwei Schüler, mit Kreide den Umriss eines Körpers auf dem Boden aufzuzeichnen. Der Lehrer oder ein anderer Schüler legt sich dazu in die Kreismitte auf den Boden. Anschließend erklärt der Lehrer, dass die Schüler heute die Körperteile kennenlernen werden.	
Erarbeitung Jede Gruppe (max. Fünfergruppen) erhält eine Utensilien-kiste und das *worksheet* (▶ S. 10) mit dem Arbeitsauftrag. Aufgabe ist es, sich nach Vorgabe des Arbeitsauftrages und mithilfe der Utensilien zu verkleiden. Die Schüler gehen nun in ihre Gruppen zusammen und ver-kleiden sich nach den Vorgaben des Textes.	*Es besteht die Möglichkeit, die Utensilien von den Schülern mitbringen zu lassen. Dazu sollten die Gruppen in der vorhergehen-den Stunde bereits festgelegt und eine list of utensils (▶ S. 10) an jede Gruppe ausgegeben werden.* *Ebenso können Sie die Utensilien auf dem Schulhof suchen lassen.*
Präsentation Die Gruppen stellen sich im Plenum vor und benennen dabei die Körperteile (*"Luke has got a cap on his head."*, *"I have got a ring on my finger."*)	*Ermutigen Sie die Schüler dazu, die Körperteile nicht nur zu benennen, sondern auch auf die beschriebene Körperstelle zu zeigen. Die Verwendung von "have got" und "has got" sollte hier automatisiert werden.*

Reflexion Die Schüler tauschen sich im Plenum darüber aus, was sie in der heutigen Stunde gelernt haben. Mögliche Reflexionsfragen: • *What did you learn today?* • *What did you like best about the lesson today? Why?*	
Sicherung Die Gruppen suchen sich einen Platz auf dem Schulhof. Nun legt sich ein Schüler pro Gruppe auf den Boden und lässt den Umriss seines Körpers aufmalen. Die Schüler beschriften den Kreideumriss mit den englischen Vokabeln. Augen, Nase und Mund werden von einem Schüler aufgemalt. Alle Schüler stellen sich mit ihrer Verkleidung rings um die Kreidezeichnung auf und der Lehrer macht ein Foto. Als Hausaufgabe erstellen die Schüler eine Vokabelliste mit Wörtern zum Thema.	*Das Foto sollte an jeden Schüler ausgegeben werden. Es könnte zusätzlich im Klassenzimmer aufgehängt werden.*

 **Möglichkeiten der Weiterarbeit:**

- ein *body*-Memory® erstellen und spielen
- Dialoge zum Thema *illness and health* verfassen
- den Wortschatz zum Thema *clothes* thematisieren

LIST OF UTENSILS

Für eure **Utensilienkiste** braucht ihr Folgendes. Schreibt den Namen desjenigen, der den Gegenstand mitbringt, dahinter:

1 Kappe _____ 1 Fettcreme _____

1 Verband _____ 1 Ring _____

1 Rotstift _____ 1 Schal _____

1 Clownsnase _____ 1 Paar Socken _____

1 Handschuh _____

The body game

1. Play the body game with your group and follow the instructions. Everybody should participate *(teilnehmen)*.

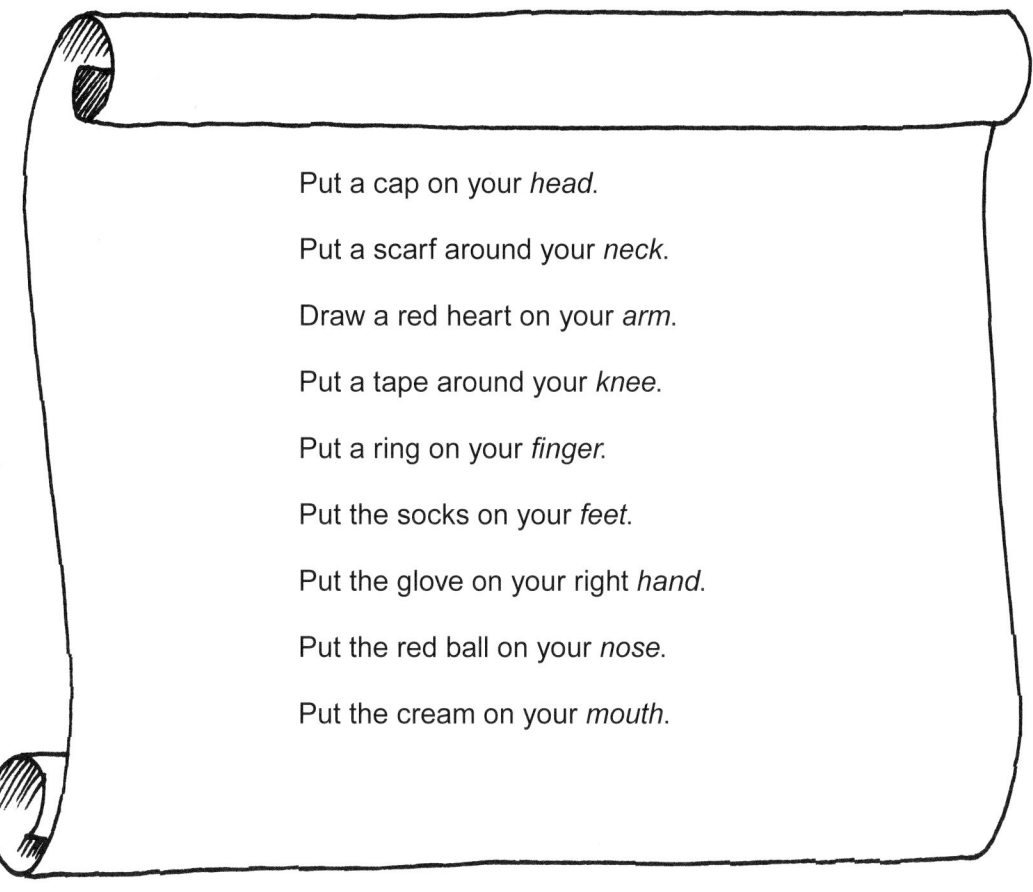

Put a cap on your *head*.

Put a scarf around your *neck*.

Draw a red heart on your *arm*.

Put a tape around your *knee*.

Put a ring on your *finger*.

Put the socks on your *feet*.

Put the glove on your right *hand*.

Put the red ball on your *nose*.

Put the cream on your *mouth*.

2. Present your game to your classmates. These sentences can help you:

"I have got a ... on my ..."

"Luke has got a ... on his ..."

Kristina Hofmann: Englischunterricht auf Schulhof & Co. Klasse 5/6
© Auer Verlag

Inhalt: Die Schüler wenden den Wortschatz zu den Themen *colours and clothers* spielerisch an und organisieren eine Modenschau.

Methodisch-didaktische Überlegungen: In dieser Stunde steht der kommunikative Aspekt im Vordergrund. Die Schüler wenden Sprache spielerisch an und wiederholen den Wortschatz zu den Themen *colours and clothers*. Sie beziehen Stellung zu persönlichen Vorlieben, kommunizieren miteinander und stellen Outfits vor. Das Thema Modenschau und die damit verbundenen kreativen Möglichkeiten gewährleisten ein hohes Maß an Motivation. Gerade leistungsschwächere Schüler können bei dieser Einheit Erfolgserlebnisse erzielen, da sich die Leistung nicht ausschließlich auf die Sprache bezieht. Das Schulgelände dient als Kulisse. Zudem kann auf Requisiten aus dem schulischen Umfeld zurückgegriffen werden. – Zeitbedarf: 2 Unterrichtsstunden.

Kompetenzen: Wortschatz festigen, ein Gespräch führen und dabei z. B. Vorlieben zum Ausdruck bringen, Personen und Gegenstände präsentieren

Benötigte Materialien / Vorbereitung: 1 *worksheet* 1 (▶ S. 14) pro Schüler kopieren, evtl. *worksheet* 3 (▶ S. 15) kopieren, Wörterbuch (Deutsch / Englisch), *motto cards* (▶ S. 14) kopieren, auseinanderschneiden und ggf. laminieren, 1 *worksheet* 2 (▶ S. 14) pro Gruppe kopieren, Kleidungsstücke und Accessoires (Taschen, Schmuck etc.)

Durchführung / Aufgabenstellungen	Anmerkungen / Tipps
Einstieg Der Lehrer ruft die Schüler auf dem Schulhof zusammen und bittet sie, seinen heutigen Kleidungsstil zu beschreiben. Dabei führt er die Begriffe *sporty, casual, modern, trendy* ein. Anschließend sollen die Schüler sein Outfit detaillierter beschreiben: *"You're wearing a blue shirt and yellow trousers. Your shoes are grey ..."*	*Je nach Leistungsstärke der Klasse können Sie hier bereits ein ausführliches Gespräch über Kleidung in Gang setzen, z. B. über Gemeinsamkeiten ("We both are wearing grey shoes.") oder Stylingtipps ("Do you think a blue shirt looks good?").*
Erarbeitung 1 Nun bekommen die Schüler die Aufgabe, ihre eigene Kleidung zu beschreiben. Hierfür teilt der Lehrer das *worksheet* 1 (▶ S. 14) aus. Nach 5 Minuten sammelt der Lehrer die Steckbriefkarten ein und verteilt diese unter den Schülern. Die Schüler suchen nun anhand der Karte ihren Partner, beschreiben in einem Gespräch die Kleidung des Partners (*"You're wearing green trousers."*) und tauschen sich über Kleidungsvorlieben aus (*"I like ...", "I don't like ...", "We're both wearing ..."*)	*Legen Sie für leistungsschwächere Schüler ein Wörterbuch und das worksheet 3 (help phrases (▶ S. 15)) an einem help desk aus.* *Das Üben in Partnerarbeit bietet vor allem leistungsschwächeren Schülern einen geschützten Übungsraum.*
Präsentation 1 Die Teams stellen sich nun gegenseitig im Plenum vor. (*"This is Luke. He 's wearing an orange shirt and green trousers. I think his style is sporty."*)	*Leistungsstärkere Schüler können Sie im Anschluss nach Gemeinsamkeiten und Vorlieben fragen.*

Kristina Hofmann: Englischunterricht auf Schulhof & Co. Klasse 5/6
© Auer Verlag

Erarbeitung 2 Der Lehrer gibt den Arbeitsauftrag, in Gruppenarbeit (je-weils Viergruppen) eine Modenschau vorzubereiten. Die Gruppeneinteilung hierfür kann mittels der *motto cards* (► S. 14) erfolgen. Diese sind auf dem Schulhof versteckt und müssen von den Schülern zunächst gesucht werden. Anschließend erhält jede Gruppe das *worksheet* 2 (► S. 15) zur Vorbereitung auf die Modenschau. Für die Vorbereitung stehen 35 Minuten zur Verfügung.	*Die Schüler sollen zu dieser Stunde Kleidungsstücke und Accessoires mitbringen. Stellen Sie jedoch ebenfalls einen Fundus aus Kleidungsstücken und Accessoires (Taschen, Schmuck etc.) zur Verfügung.*
Präsentation 2 Die Gruppen führen ihre Modenschauen vor. Hierfür läuft die Klasse die einzelnen vorbereiteten Schau-plätze ab. Jeder Schüler hat bei der Präsentation der Mo-denschau zwei Aufgaben: 1. Jeder Schüler schlüpft in die Rolle des Models auf dem Catwalk. 2. Jeder Schüler über-nimmt die Rolle des Moderators, der ein Outfit aus seiner Gruppe vorstellt und beschreibt.	
Reflexion Die Schüler reflektieren im Plenum den Verlauf der Moden-schau und tauschen sich über die einzelnen Outfits aus. Mögliche Reflexionsfragen: • *What did you like best today?* • *What was difficult?* • *What do you think about lessons outside the classroom?* • *What was your favourite outfit? Why?*	*Notieren Sie die Reflexionsfragen evtl. an der Tafel, wenn die Refle-xion im Klassenzimmer durchge-führt wird.* *Achten Sie darauf, dass die Schüler Rücksicht aufeinander nehmen und sich nicht gegensei-tig beleidigen. Kritik sollte positiv formuliert werden.*
Sicherung Die Schüler erstellen zum Thema *fashion words* eine Mind-map und formulieren anhand dieser einen kurzen Text zu ihren Outfit-Vorlieben. Folgende Sätze können als Hilfe vorgeben werden: • *I like …/I don't like …* • *My favourite clothes are …* • *At school/home/I wear …*	

 **Möglichkeiten der Weiterarbeit:**

• Modekritiken zu Fotos aus Magazinen verfassen

• eine Wandzeitung mit Modetipps der Saison erstellen

Fashion card – describe your outfit

1. What's your outfit like? Tick *(ankreuzen)* one word.

   sporty ○   trendy ○   modern ○   casual ○

2. Write down what you're wearing and describe the colour of your clothes.

clothes	colour

Finished? Bring your card to your teacher. Thanks! ☺

MOTTO CARDS

Teatime with the Queen at Buckingham Palace	**Summer party**
Grandma's 70th birthday party	**My best friend's wedding**
Be sporty	**You are a trendsetter.**
First date with your boyfriend's / girlfriend's parents	**Holiday style**

Kristina Hofmann: Englischunterricht auf Schulhof & Co. Klasse 5/6
© Auer Verlag

A fashion catwalk show

Prepare a fashion catwalk show. Everybody in your group has <u>two jobs</u>:

1. You are **a model** who presents the outfit on the catwalk.
2. You are **a reporter** who talks about the outfit.

	To do	done ✓
1.	Create an outfit for every pupil of your group. Find a name for each outfit.	
2.	Write a presentation text about each outfit for the reporters.	
3.	Talk about who walks first, second ...	
4.	Find a perfect place for your show on the schoolyard.	
5.	Decorate your catwalk.	
6.	Practise your catwalk show.	

 Help needed? Go to the help desk.

Help phrases

Here are some ideas / examples for your outfit texts.

1.
Andreas is wearing
my favourite outfit "cool style".
You can see a black shirt with a motorcycle.
He's also wearing jeans and green shoes.
This outfit is good for warm days.

2.
This is our pretty Nina
with her summer style "Bali".
You see her in a blue skirt with a pink belt.
She's wearing a modern white shirt and cool black shoes.
This is a good outfit for summer holidays.

3. Look at Anusch with her outfit "Odinstyle".
This is a trendy outfit for party nights.
She's wearing a beautiful pink dress and a red handbag.
Every girl must like it.

Kristina Hofmann: Englischunterricht auf Schulhof & Co. Klasse 5/6
© Auer Verlag

 **Inhalt:** Die Schüler fertigen Wegbeschreibungen an.

 **Methodisch-didaktische Überlegungen:** Die Schüler setzen die Thematik Wegbeschreibung handelnd um, indem sie reale Wege auf dem Schulgelände beschreiben und diese selbst ablaufen.

Zunächst laufen die Schüler in Gruppen den Weg zu ihrem Zielort ab, machen sich Notizen und formulieren eine Wegbeschreibung. Die Wegbeschreibungen werden unter den Gruppen ausgetauscht und abgelaufen, sodass der Zielort ermittelt wird. Als Zielorte eignen sich Plätze auf dem Schulhof, z. B. Tischtennisplatte, Kiosk etc., da die Schüler dort ungestört ihre Wegbeschreibungen formulieren können. – Zeitbedarf: 2 Unterrichtsstunden.

 Kompetenzen: Phrasen der Wegbeschreibung kennen und anwenden, Wortschatz erweitern und einüben

 Benötigte Materialien / Vorbereitung: Wegbeschreibung (evtl. auf Folie), evtl. Overheadprojektor, 1 Zielortkarte pro Gruppe, 1 *worksheet* (▶ S. 18) pro Schüler kopieren

Durchführung / Aufgabenstellungen	Anmerkungen / Tipps
Einstieg Der Lehrer liest im Klassenraum eine vorgefertigte Wegbeschreibung zu einem Ort auf dem Schulhof vor, z. B. zur Tischtennisplatte, zum Kiosk etc. Der Zielort wird jedoch nicht genannt. Die Schüler sollen den Weg gedanklich abschreiten und den Zielort nennen.	*Für leistungsschwächere Gruppen eignet sich die Darstellung der Wegbeschreibung auf Folie.*
Erarbeitung Jede Gruppe zieht eine Zielortkarte und erhält das *worksheet* (▶ S. 18). Die Gruppen verlassen das Klassenzimmer und skizzieren den Weg zum Zielort mithilfe von Notizen (Aufgabe 1). Im Anschluss fertigen die Schüler mithilfe der *help phrases* auf dem *worksheet* eine Wegbeschreibung zum Zielort an und notieren diese (Aufgabe 2). Die Schüler laufen den von ihnen beschriebenen Weg nochmals ab und nehmen ggf. Korrekturen vor. Nun werden die Wegbeschreibungen beim Lehrer abgegeben und unter den Gruppen neu verteilt. Die Gruppen laufen den beschriebenen Weg ab und ermitteln den Zielort.	*Als Differenzierung können Sie komplizierte Ziele leistungsstärkeren Schülern geben.* *Begleiten Sie leistungsschwächere Schüler auf ihrem Kontrollgang und weisen Sie ggf. auf Schwachstellen hin.*
Präsentation Die Klasse kommt wieder zusammen und die Gruppen lesen ihre selbst verfasste Wegbeschreibung vor. Dabei nennen sie jedoch nicht den Zielort. Dieser muss von den anderen Schülern am Ende der Präsentation erraten werden.	

Reflexion Anschließend berichten die Gruppen von ihren Zielorten und geben sich gegenseitig Rückmeldung darüber, ob und wenn ja, welche (Verständnis-)Schwierigkeiten aufgetreten sind.	*Leistungsstarke Schüler können die Klasse im Anschluss an die Feedbackrunde mit englischsprachigen Ansagen zu ihrem Zielort führen.*
Sicherung Jeder Schüler verfasst eine kurze schriftliche Wegbeschreibung zu seinem Schulweg oder einem Ort in der Nähe des Schulgeländes.	

Möglichkeiten der Weiterarbeit:

- Wegbeschreibungen von öffentlichen Örtlichkeiten, z. B. Kirche, Kino etc., zu einem vorgegebenen Zielort verfassen
- einen Hilfsflyer zur Thematik erstellen
- Präsentation über eine Sehenswürdigkeit im Ort erarbeiten (inkl. Wegbeschreibung)
- Wortschatz zum Thema *transportation* erarbeiten (und die Wegbeschreibungen durch die Nutzung öffentlicher Verkehrsmittel erweitern)

Telling the way

1. Go to your destination *(Ziel)* and take notes to remember the way.

_____

_____

_____

_____

_____

2. Now give directions how to get to your place. The English phrases will help you.

_____

_____

_____

_____

_____

Help phrases

Start at …

Turn left / right …

Go along … (the floor) to … (the music room …).

Go straight on …

Go past … (the music room …).

Go towards … (the music room …).

Our place is between … (the kiosk and a tree …).

Our place is next to / behind / in front of / near / opposite … (the kiosk …).

Our place is between … (the kiosk and a tree …).

Kristina Hofmann: Englischunterricht auf Schulhof & Co. Klasse 5/6
© Auer Verlag

Inhalt: Die Schüler üben, einen unbekannten Text aus dem Gedächtnis korrekt niederzuschreiben.

Methodisch-didaktische Überlegungen: Die Schüler haben bereits Sätze und kurze Texte orthografisch korrekt ab- oder in Diktatform korrekt aufgeschrieben. Bei dieser Übung bilden die Schüler Paare und diktieren sich gegenseitig Wörter oder Sätze. Die Methode schult sowohl die Aussprache als auch das Hörverstehen und die Orthografie. Darüber hinaus fördert sie die Konzentrations- und Merkfähigkeit und unterstützt die motorische Entlastung. Die Schülerpaare suchen sich einen Ort auf dem Schulgelände, an dem sie sich wohlfühlen. Vom Wohlfühlort aus reisen sie zum Textblatt, merken sich einen Textteil, laufen zurück und geben diesen an den Partner weiter, der den Text niederschreibt. Die Bewegung bei dieser Übung bietet Abwechslung und steigert zudem die Konzentrationsfähigkeit. Abschließend werden die Merkmale eines Briefes erarbeitet und festgehalten. – Zeitbedarf: 1 Unterrichtsstunde.

Kompetenzen: einen unbekannten Text aus dem Gedächtnis korrekt niederschreiben, Textsortenmerkmale kennenlernen

Benötigte Materialien/Vorbereitung: Zahlenkarten von 1 bis 6 in ausreichender Anzahl, 1 *worksheet* 1 (▶ S. 21) 10 x kopieren (4 davon für die Lösungsstation), Steine, 1 *worksheet* 2 (▶ S. 22) pro Schüler kopieren, *characteristics of a letter* (▶ S. 21)

Durchführung/Aufgabenstellungen	Anmerkungen/Tipps
Einstieg Der Lehrer ruft die Schüler auf dem Schulhof im Kreis zusammen und erklärt, dass sie heute auf den Schulhof ziehen und sich paarweise einen Wohnort, an dem sie sich wohlfühlen, aussuchen sollen. Größere Wohngemeinschaften sind nicht erlaubt, wohl aber Nachbarn, sofern ein „Garten" (= etwas Platz) zwischen den Häusern liegt. Der Lehrer erklärt, dass die Schüler nach Bezug ihrer Wohnungen zur Arbeit fahren sollen, weist dazu jedem Paar eine Zahl von 1 bis 6 zu und verweist damit auf sechs Plätze auf dem Schulhof, an denen das *worksheet* 1 (▶ S. 21) ausliegt. Aufgabe der Teams ist es, einen Brief, der an der Arbeitsstation ausliegt, an ihrem Wohnort aus dem Gedächtnis aufzuschreiben. Ein Schüler läuft zur Arbeit, kehrt zurück und diktiert seinem Partner die Wörter aus dem Gedächtnis. Dieser schreibt den Text in ein Heft oder auf ein Blatt Papier. Anschließend fährt er zur Arbeit und merkt sich den nächsten Textteil. An einer Lösungsstation liegen Kopien des Briefes zur Kontrolle aus.	*Sichern Sie die* worksheets *mit Steinen.* *Bei leistungsstärkeren Gruppen können auch zwei Texte ausgelegt werden, sodass die Paare unterschiedliche Texte schreiben.* *Achten Sie darauf, dass Schüler, die nahe einer Textquelle wohnen, nicht diese Quelle nutzen, und tauschen Sie ggf. Arbeitsstätten der Schüler.*

Erarbeitung Die Schüler laufen immer wieder zur Arbeit, kehren zurück und schreiben den Text im Team auf. Im Anschluss korrigieren die Schüler ihre niedergeschriebenen Texte an der Lösungsstation.	
Präsentation Die Schüler kommen im Sitzkreis zusammen und die erarbeiteten Texte werden im Plenum vorgelesen.	*Alternativ kann die Präsentation vorab in Paaren oder Kleingruppen durchgeführt werden.*
Reflexion Die Schüler tauschen sich im Plenum über die Aufgabe und die Arbeit im Team aus. Mögliche Reflexionsfragen: • *What was easy for you?* • *What was difficult for you?* • *What is important for teamwork?*	*Notieren Sie die Reflexionsfragen evtl. an der Tafel, wenn die Reflexion im Klassenzimmer durchgeführt wird.*
Sicherung Die Schüler überprüfen ihr Gedächtnis, indem sie das *worksheet* 2 (▶ S. 22) bearbeiten. Der Ausgangstext hilft bei der Korrektur des Arbeitsblatts. Abschließend erarbeitet die Klasse gemeinsam die *characteristics of a letter* (▶ S. 21).	*Sie können ggf. eine Überschrift vorgeben, z. B. „Merkmale und Tipps zum Schreiben eines Briefes"*

Möglichkeiten der Weiterarbeit:

• einen eigenen Brief planen und verfassen (s. Letter writing, S. 23)
• eine E-Mail verfassen

Kristina Hofmann: Englischunterricht auf Schulhof & Co. Klasse 5/6
© Auer Verlag

Dictation race

Dear Lasse,   24th June, 2016

How are you? I am fine.

Last weekend was great. I got up late on Saturday morning. In the afternoon I met my friends and we had a football match in our town. After that I went to the shopping centre with my sister Nika and my brother Viki. It was fun because we ate a pizza in a restaurant and we listened to some CDs in a shop. I really like that.

In the evening we watched TV together with our parents. Do you like to watch TV? I often watch TV or I visit my aunt Krissi because she has lots of DVDs. I also go to the cinema with her and her best friend Nina (she is very nice!). My favourite films are *James Bond* and *Spiderman*. What about you?

I hope to hear from you soon.

Yours

Luke

CHARACTERISTICS OF A LETTER

Letter writing

Date:	day / month / year (24th June, 2016)
Form of address *(Anrede)*:	Dear …,
Beginning of letter:	How are you?
	I'm fine / I'm OK / I'm a bit sad / …
End of letter:	I hope to hear from you soon.
	Yours Luke

What can you remember?

_____ Lasse,   24th _____, 2016

_____ are you? I'm _____ .

_____ weekend was great. I got up _____

on Saturday morning. In the _____ I met my

friends and we had a football match in our town. After that I went to the

_____ with my sister Nika and my brother Viki. It

was fun because we ate a pizza in a _____ and we

_____ to some CDs in a _____ .

I really like that.

In the _____ we watched TV together with

_____ parents. Do you like to watch TV? I often watch

TV or I visit my aunt Krissi _____ she has lots of DVDs.

I also go to the cinema with her and her _____ Nina (she

is very nice!). My _____ films are _James Bond_ and

Spiderman. What _____ you?

I _____ to hear from you soon.

_____

Luke

Kristina Hofmann: Englischunterricht auf Schulhof & Co. Klasse 5/6
© Auer Verlag

Inhalt: Die Schüler verfassen einen Brief und halten dabei die Merkmale der Textsorte Brief ein.

Methodisch-didaktische Überlegungen: Die Schüler sind bereits mit den Merkmalen eines Briefs (Anrede, sich vorstellen, Abschiedsformel) in Berührung gekommen (s. Dictation race, S. 19). Nachdem die Schüler eigene Briefe verfasst haben, werden diese untereinander ausgetauscht und beantwortet, sodass jeder Schüler eine Reaktion auf seinen Brief erhält. Die Schreibimpulse für die Briefe finden die Schüler auf dem Schulhof, der zudem als Ideengeber eine kreative Schreibatmosphäre bietet und es den Schülern ermöglicht, sich Rückzugsorte zum ungestörten Arbeiten zu suchen. Die Schüler können zur Unterstützung das Postamt (Lehrer) aufsuchen, wo Deutsch / Englisch-Wörterbücher und Schreibhilfen ausliegen. – Zeitbedarf: 2 Unterrichtsstunden.

Kompetenzen: Briefe eigenständig planen, schreiben und beantworten, Textsortenmerkmale umsetzen

Benötigte Materialien / Vorbereitung: *Letter* (▶ S. 25), ggf. 5 Briefe (▶ S. 25) für das Postamt kopieren, 1 *impulse card* (▶ S. 26) pro Schüler kopieren, auseinanderschneiden und ggf. laminieren, evtl. *characteristics of a letter* (▶ S. 21) in ausreichender Anzahl kopieren, Wörterbücher (Deutsch / Englisch), 1 Farbkartenset (rot, gelb, grün) pro Schüler

Durchführung / Aufgabenstellungen	Anmerkungen / Tipps
Einstieg Der Lehrer ruft die Schüler auf dem Schulhof zusammen. Er erklärt, dass sie heute (wieder) auf dem Schulhof wohnen. Zuvor liest er jedoch noch den Brief einer neuen Nachbarin (▶ S. 25) vor. Anschließend erteilt er den Arbeitsauftrag, auf ihren Brief zu antworten. Dazu soll jeder Schüler in Einzelarbeit eine *impulse card* (▶ S. 26) auf dem Schulhof suchen und mithilfe dieser Impulskarte einen Brief verfassen.	*Verteilen Sie die Impulskarten vor Stundenbeginn auf dem Schulhof.* *Leistungsstärkere Schüler können den Brief nach dem Hören ohne Impulskarte beantworten.* *Ggf. kann es für leistungsschwächere Schüler hilfreich sein, die Merkmale eines Briefes (▶ S. 21) auszuteilen oder beim Postamt zu hinterlegen.*
Erarbeitung Die Schüler suchen eine Impulskarte auf dem Schulhof und verfassen dazu „in ihrem Haus" einen Brief. Fertige Briefe werden im Postamt (beim Lehrer) abgegeben und dort gegen einen anderen bereits geschriebenen Brief getauscht. Die Schüler lesen den Brief zunächst und beantworten diesen ebenfalls.	*Achten Sie darauf, dass die Schüler einzeln arbeiten, auch wenn sie „zusammen wohnen".* *Leistungsschwächere Schüler können den Brief beim Postamt ausleihen. Zudem stehen ihnen dort Wörterbücher zur Verfügung.*

Präsentation Die Schülerpaare lesen ihren Briefverkehr nun paarweise im Plenum vor und erhalten ein kurzes Feedback von den anderen Schülern.	*Die Briefe können vorab in Gruppen- oder in Partnerarbeit vorgelesen werden.* *Leiten Sie das Schüler-Feedback ggf. an. Mögliche Fragen:* Do you have any questions? What do you like best abort the letter? Can you give a tip?
Reflexion Der Lehrer liest Aussagen zum Lernprozess vor und die Schüler nehmen mit Farbkarten (Ampelprinzip: rot-gelb-grün) Stellung zu den Aussagen. Mögliche Reflexionsaussagen: • *I like the exercise.* • *I don't like the exercise.* • *I often/never asked for help.* • *I can write a letter now.*	*Notieren Sie die Reflexionsaussagen evtl. an der Tafel, wenn die Reflexion im Klassenzimmer durchgeführt wird.* *Fragen Sie nach, was den Schülern an der Aufgabe nicht gefallen hat, bzw. lassen Sie Verbesserungsvorschläge formulieren.*
Sicherung Die Schüler verfassen als Hausaufgabe einen Brief an einen fiktiven Brieffreund, in dem sie sich vorstellen. Als Anregung können folgende Themenschwerpunkte vorgegeben werden: Name, Alter, Wohnort, Familie, Hobbys, Schule.	

 **Möglichkeiten der Weiterarbeit:**

• Briefwechsel innerhalb der Klasse, mit Parallelklassen oder Partnerschulen initiieren
• weitere Textarten zur Kommunikation kennenlernen, z. B. E-Mails
• Wortschatz zum Führen eines Telefonats erarbeiten

Kristina Hofmann: Englischunterricht auf Schulhof & Co. Klasse 5/6
© Auer Verlag

Hello,   6th July, 2016

How are you? I'm your new neighbour Nika. I'm new in _____.
I moved here last weekend.

My flat is near the cafeteria opposite the basketball field. I live in a red house
with yellow windows.

I'm eleven years old and I'm from London in England.

My hobbies are riding the horse, I like to listen to music, watch TV and meet
my friends. What about your hobbies?

Next weekend my grandma will visit us. I'll show her my new school and
we'll go to the shopping centre. She'll buy a rabbit for me. Do you have a
pet, too?

What about your next weekend?

I hope to hear from you soon.

Nika

A) Write a letter to Nika.

Write about your summer holiday. Here are some ideas …

What did you do?

Where did you go?

Who did you meet?

What was the best thing?

What was the worst thing?

Remember the rules of letter writing.

B) Write a letter to Nika.

Write about your family. Here are some ideas …

Write about your parents.

Do you have brothers or sisters? Write about them.

Write about your pet.

What is so special about your family?

Remember the rules of letter writing.

C) Write a letter to Nika.

Write about your school life in Germany. Here are some ideas …

Write about your school (Name? Where is it? When does school start?).

What are your favourite subjects?

What subjects don't you like?

Write about your class.

What is the best thing at school?

What is the worst thing at school?

Do you go to clubs after school in the afternoon? Write about them.

Remember the rules of letter writing.

Kristina Hofmann: Englischunterricht auf Schulhof & Co. Klasse 5/6
© Auer Verlag

Inhalt: Die Schüler üben die Bildbeschreibung an einer selbst gezeichneten Skizze unter Verwendung von Hilfsphrasen und Präpositionen.

Methodisch-didaktische Überlegungen: In dieser Stunde üben die Schüler die Bildbeschreibung, indem sie, inspiriert von ihrer Umgebung, zunächst selbst eine Skizze erstellen und diese mithilfe von Präpositionen einem Partner beschreiben, der das Bild nachzeichnet. Anschließend werden die Rollen getauscht, sodass beide Partner beschreiben und zeichnen.

Die Schüler sollten Präpositionen bereits als lexikalische Einheit kennengelernt haben und über einen entsprechend großen Wortschatz verfügen, mit dem sie den Schulhof und die Umgebung beschreiben können (z. B. *school house*, *caretaker*, *teacher*, *tree*, *clouds*, *sun*, *table tennis table*, *kiosk* etc.). – Zeitbedarf: 2 Unterrichtsstunden.

Kompetenzen: Wortschatz und grammatikalische Strukturen erweitern und anwenden, eine Bildbeschreibung verstehen und umsetzen

Benötigte Materialien/Vorbereitung: 1 *worksheet* (▶ S. 29) pro Schüler kopieren

Durchführung/Aufgabenstellungen	Anmerkungen/Tipps
Einstieg Der Lehrer begrüßt die Schüler auf dem Schulhof und beginnt die Stunde mit der Beschreibung eines Gegenstands auf dem Schulhof: *"I see something you don't see …"* Der Lehrer beschreibt den Gegenstand vage, indem er zunächst die Farbe nennt und die Beschreibung nach und nach erweitert sowie Hinweise auf den Fundort des Gegenstands unter Verwendung von Präpositionen (z. B.: *"It is next to the kiosk."*) gibt. Die Schüler erraten den Gegenstand und erhalten den Arbeitsauftrag, sich einen Ort auf dem Schulhof zu suchen und die Umgebung zu skizzieren. Hierfür haben sie 10 Minuten Zeit. Dazu teilt der Lehrer das *worksheet* (▶ S. 29) mit dem Arbeitsauftrag aus.	*Der Gegenstand sollte von den Schülern zwar zu sehen, aber nicht allzu leicht zu erraten sein.* *Weisen Sie darauf hin, dass lediglich eine Skizze erstellt werden soll.*
Erarbeitung Die Schüler suchen sich einen Platz auf dem Schulhof, an dem sie sich wohlfühlen, und skizzieren ihr Umfeld. Anschließend kommen sie wieder im Plenum zusammen und werden in Zweierteams eingeteilt. Die Paare beschreiben einander ihre Bilder. Während ein Schüler beschreibt, zeichnet der Partner das Bild anhand der Beschreibung nach. Wenn beide fertig sind, vergleichen die Schüler ihre Zeichnungen und sprechen darüber, ob und wie sich die Bilder unterscheiden.	*Ggf. kann auch eine Zeitspanne von max. 10 Minuten vorgegeben werden. Schüler, die schon eher fertig sind, können bereits im Team mit der Bildbeschreibung beginnen.*

Präsentation und Reflexion Die Schüler kommen in einem Sitzkreis zusammen und reflektieren die Aufgabe im Lehrer-Schüler-Gespräch. Mögliche Reflexionsfragen: • *What was the best thing today? Why?* • *What was difficult? Why?* • *What do you think about lessons outside the classroom?* • *Is it easy / difficult for you to describe a picture? Why?* Anschließend findet eine *Picture*-Vernissage statt, bei der die Schüler nacheinander ihre Bilder vorstellen. Dabei beschreiben sie nicht nur ihr Bild, sondern nehmen auch Stellung dazu, weshalb sie gerade diesen Platz auf dem Schulhof gewählt haben (z. B. *"I like this place because …"*).	*Notieren Sie die Reflexionsfragen evtl. an der Tafel, wenn die Reflexion im Klassenzimmer durchgeführt wird.* *Leistungsstarke Schüler tauschen ihre Bilder untereinander aus und stellen das Bild eines Mitschülers vor.* *Ggf. kann die Einheit nach dem reflektierenden Lehrer-Schüler-Gespräch beendet werden (1 Unterrichtsstunde).*
Sicherung Die Schüler erstellen eine Wörterbuch-Karte (Die Schüler beschriften die Karteikarte mit dem Verb sowie der *Participle*-Form.) oder eine Mindmap zu den Präpositionen in ihrem Heft.	*Sie können alternativ den Arbeitsauftrag geben, ein Lernbild zu erstellen, welches die Bedeutung der Präpositionen visuell veranschaulicht und erklärt.*

Möglichkeiten der Weiterarbeit:

• eine Bildervernissage mit Bildbeschreibungen organisieren (ggf. als klassenübergreifendes Projekt: Ältere Schüler zeichnen, die jüngeren Schüler verfassen die Beschreibung.)

• *Picture*-Memory® mit mitgebrachten Bildern spielen (Zu mitgebrachten Bildern werden Bildbeschreibungen verfasst. Diese werden unter den Schülern aufgeteilt, die Bilder liegen in der Kreismitte. Jeder Schüler liest seine Bildbeschreibung vor und die anderen Schüler suchen das dazugehörige Motiv.)

1. Individual work

Find a nice place on the schoolyard. What can you see?

Draw a <u>simple</u> picture. That means you don't have to draw details.

2. Pair work

a) Describe your picture to your partner so that your partner can draw it.

   Don't show your picture to your partner.

b) Now change roles.

c) Do you both have a picture now? Then compare your pictures. What did you get right, what did you get wrong?

The following phrases can help you:

• Start your sentences like this:

   – There is a …

   – There are …

• Use prepositions like *at, in, on, under, near, next to, between, behind, in front of, above, under.*

Inhalt: Die Schüler wiederholen die Verwendung des *Simple past*.

Methodisch-didaktische Überlegungen: Die Schüler haben in den vorangegangenen Stunden bereits die Regeln des *Simple past* gelernt und festigen mithilfe eines Spiels die grammatikalischen Strukturen.

Während in der ersten Runde zunächst nur regelmäßige und unregelmäßige Verbformen im *Simple past* wiederholt werden, wird im zweiten Schritt die Eingliederung von Verben in ganzen Sätzen eingeübt. Hierbei werden sowohl die richtige *word order* als auch Zeitangaben des *Simple past* angewandt.

Die erste Runde, die im Plenum gespielt wird, verdeutlicht dabei die Regeln des Spiels. Die zweite Runde, die in Gruppen gespielt wird, ermöglicht, dass die Schüler stärker ins Spiel eingebunden werden, und bietet Sicherheit für Schüler, die sich in kleinen Gruppen wohler fühlen. – Zeitbedarf: 1 Unterrichtsstunde.

Kompetenzen: Grammatikwissen anwenden, üben und festigen

Benötigte Materialien / Vorbereitung: 1 Ball pro Gruppe, evtl. *verb cards* (▶ S. 32) kopieren, auseinanderschneiden und ggf. laminieren, *word pair cards* 1–2 (▶ S. 33–34) kopieren, auseinanderschneiden und ggf. laminieren, Pinnwand, Pinnnadeln

Durchführung / Aufgabenstellungen	Anmerkungen / Tipps
Einstieg	
Der Lehrer ruft die Schüler auf dem Schulhof zusammen. Er nennt ein Verbpaar (z. B. *play – played*), ruft den Namen eines Schülers, wirft ihm einen Ball zu und fordert ihn auf, ein weiteres Wortpaar zu nennen. Das Spiel wird 5 Minuten lang fortgesetzt. Hierbei können sich die Schüler, wie beim Handballspiel, durch Heben der Hände anbieten.	*Es empfiehlt sich, den Ball zuerst zu einem leistungsstarken Schüler zu werfen, sodass die leistungsschwächeren Schüler die Spielregeln erkennen und Zeit zum Überlegen haben.* *Evtl. bieten sich* verb cards *(▶ S. 32) für leistungsschwächere Schüler an.*
Der Lehrer läutet die zweite Runde ein und fordert die Schüler auf zu sagen, was sie gestern / letztes Wochenende etc. gemacht haben. Er verwendet nun auch Zeitangaben (z. B. *yesterday, last week, last weekend*).	*Ggf. ist es sinnvoll, hier ein Beispiel zu nennen.*
In der dritten Runde sollen sich die Schüler den Ball zuwerfen. Der werfende Schüler nennt ein Verb, der fangende Schüler formuliert mit dem genannten Verb einen Satz im *Simple past*. Bevor der Ball nun weiter geworfen wird, nennt der Schüler ein neues Verb.	

Kristina Hofmann: Englischunterricht auf Schulhof & Co. Klasse 5/6
© Auer Verlag

Erarbeitung 1 Der Lehrer teilt die Schüler in Gruppen (max. Fünfergruppen) ein und gibt jeder Gruppe einen Ball. Die Schüler setzen das Spiel nun in der Gruppe fort. Der Lehrer sagt die einzelnen Runden (1. Runde: Verbpaar, 2. Runde: *What did you do yesterday?*, 3. Runde: Verb-Satz) an.	*Je nach Leistungsniveau und Verständnis der Schüler können diese die Runden innerhalb der Gruppen selbst ansagen.*
Erarbeitung 2 Die Schüler kommen wieder zusammen und erhalten den folgenden Arbeitsauftrag: Sie sollen versteckte *word pair cards* auf dem Schulhof suchen und anschließend den Schüler finden, der die passende *word pair card* entdeckt hat (z. B. *take – took*).	*Verteilen Sie eine ausreichende Anzahl an* word pair cards *vor Stundenbeginn auf dem Schulhof.*
Präsentation Die Schüler stellen ihre *word pair cards* im Plenum vor und befestigen diese mit Pinnnadeln an einer Pinnwand.	
Reflexion Der Lehrer leitet die Schüler an, kurz Stellung zu nehmen, wie sie die Art des Grammatikunterrichts empfunden haben. Mögliche Reflexionsfragen: • *What do (don't) you like about grammar lessons like this? Why?* • *Is it easy for you to learn grammar that way? Why?*	*Notieren Sie die Reflexionsfragen evtl. an der Tafel, wenn die Reflexion im Klassenzimmer durchgeführt wird.*
Sicherung Die Schüler kommen im Kreis zusammen und das Spiel wird nach bekannten Regeln erneut gespielt. In der Schlussrunde wird nun der *Simple past*-Champion gekürt. Schüler, die eine falsche Antwort geben, scheiden aus und treten aus dem Kreis heraus. Der Schüler, der als letzter im Kreis steht, ist der *Simple past*-Champion des Tages. Abschließend übertragen die Schüler die Wortpaare von der Pinnwand in ihr Heft.	*Auch hier können zur Differenzierung Verbkarten zum Einsatz kommen.* *Sie können das Niveau des Spiels durch Profiaufgaben erhöhen, indem Sie z. B. genannte Sätze verneinen oder eine Frage bilden lassen.*

Möglichkeiten der Weiterarbeit:

- einen Text über den gestrigen Tag oder das letzte Wochenende schreiben
- Collage mit einer Übersicht der unregelmäßigen Verbformen für das Klassenzimmer erstellen
- die Verneinung des *Simple past* einführen
- Fragebildung im *Simple past* thematisieren

Kristina Hofmann: Englischunterricht auf Schulhof & Co. Klasse 5/6
© Auer Verlag

sing – sang	write – wrote	win – won
stand – stood	swim – swam	tell – told
go – went	do – did	make – made
take – took	bring – brought	think – thought
buy – bought	see – saw	feel – felt
say – said	wear – wore	be – was / were
build – built	come – came	drink – drank
eat – ate	draw – drew	drive – drove
fall – fell	forget – forgot	get – got
have – had	find – found	fly – flew
know – knew	leave – left	meet – met
run – ran	sleep – slept	speak – spoke

sing	write	win
sang	wrote	won
go	do	make
went	did	made
buy	see	feel
bought	saw	felt
build	come	drink
built	came	drank
fall	forget	get
fell	forgot	got
have	leave	meet
had	left	met

stand	swim	tell
stood	swam	told
take	bring	think
took	brought	thought
say	wear	be
said	wore	was / were
eat	draw	drive
ate	drew	drove
know	find	fly
knew	found	flew
run	sleep	speak
ran	slept	spoke

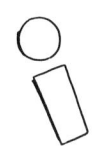

Inhalt: Die Schüler üben die Verwendung des *Present progressive* in Abgrenzung zum *Simple present* an verschiedenen Stationen ein.

Methodisch-didaktische Überlegungen: In der vorangegangenen Stunde wurden die Verwendung der beiden Gegenwartsformen *Present progressive* und *Simple present* sowie deren Unterscheidung thematisiert. Die Schüler üben mit dieser Sequenz auf unterschiedliche Weise, auch spielerisch, an fünf Stationen die grammatikalischen Strukturen der beiden Zeitformen. Die Reihenfolge der Stationen können die Schüler frei wählen. Für jede bearbeitete Station erhalten sie Punkte, sodass am Ende der Stunde ein Sieger gekürt wird. Dies erhöht zusätzlich die Motivation der Schüler. Gerade für die spielerische Station (Station 3) und die Schreibstation (Station 5) bietet sich der Schulhof als Kulisse und Ideengeber an. – Zeitbedarf: 2 Unterrichtsstunden.

Kompetenzen: Grammatikwissen üben und festigen

Benötigte Materialien/Vorbereitung: Arbeitsaufträge und Material für Stationen 1–5 (▶ S. 37–39) in ausreichender Zahl kopieren, evtl. auseinanderschneiden und ggf. laminieren, evtl. *overview of stations* (▶ S. 36), evtl. kleine Kartons als *wordbox*

Durchführung/Aufgabenstellungen	Anmerkungen/Tipps
Einstieg	
Der Lehrer begrüßt die Schüler auf dem Schulhof und bittet sie zu tanzen, bis sie ein Klatschen hören. Der Lehrer klatscht und nennt einen Begriff oder eine Tätigkeit. Die Schüler sollen nun paarweise kurz über das Thema sprechen. Sie gehen in Zweierteams zusammen und tauschen ihre Meinungen darüber aus. Sie verwenden dazu die Phrasen (*"I (don't) like …", "I often/usually/never …"*).	*Ggf. kann es bei einer leistungsschwächeren Gruppe sinnvoll sein, die Regeln und die Unterscheidung der Zeitformen vorab noch einmal deutlich zu machen.*
Nach dieser Einstimmung verkündet der Lehrer, dass die Schüler nun Stationen zu den Zeitformen *Present progressive* und *Simple present* durchlaufen werden. Hierfür werden ebenfalls Paare gebildet. Das Material für die Stationen 1–5 (▶ S. 37–39) liegt an verschiedenen Stellen auf dem Schulhof bereit.	*Bereiten Sie die Stationen vor Unterrichtsbeginn vor.*
Erarbeitung	
Die Schüler bearbeiten die Stationen in Partnerarbeit.	
Präsentation	
Nachdem alle Paare alle Stationen durchlaufen haben, kommt die Klasse wieder zusammen und die Schüler stellen ihren Interviewpartner aus Station 4 vor.	

Reflexion	
Die Schüler reflektieren im Plenum, was sie in der heutigen Stunde gelernt haben, und geben Auskunft darüber, welche Stationen ihnen leicht und welche ihnen schwer gefallen sind. Anschließend stellen sich die Schüler nach ihren gesammelten Punkten in Gruppen auf. Der Lehrer honoriert jede Schülergruppe durch ein Lob und kürt den Sieger mit der Auszeichnung „Gold medal winner" oder „Today's winner".	
Sicherung	
Als Hausaufgabe bekommen die Schüler folgenden Arbeitsauftrag: *Write ten sentences about yourself.* • *What do you do every day?* • *What are you doing now?* • *What do you like and what don't you like?* • *Etc.*	

 **Möglichkeiten der Weiterarbeit:**

- einen kurzen englischen Text, in dem beide Gegenwartsformen verwendet werden, ins Deutsche übersetzen

- eine *Tenses*-Infobroschüre zu den beiden Gegenwartszeiten erstellen, diese kann durch weitere Zeitformen ergänzt werden

- weitere Zeitformen einführen, z. B. *Simple past*

 ## OVERVIEW OF STATIONS

Station	Was wird geübt?	Das wird benötigt
1	*Simple present:* My opinion about …	Task (▶ S. 37) Topic cards (▶ S. 37)
2	*Present progressive:* Police job	Task (▶ S. 37) 1 Stift und 1 Blatt
3	*Present progressive:* Pantomime acting	Task (▶ S. 38) Pantomime cards (▶ S. 38)
4	*Simple present:* Reporter team	Task (▶ S. 39) 1 Stift und 1 Blatt
5	*Simple <u>and</u> progressive:* Writing	Task (▶ S. 39) Verb cards (▶ S. 39)

Kristina Hofmann: Englischunterricht auf Schulhof & Co. Klasse 5/6
 © Auer Verlag

My opinion about …

What is your opinion about the following topic?
Take <u>eight cards</u> and talk about the topics with your partner.

These phrases can help you:
- "I (don't) like …"
- "I often / never / always / sometimes / usually …"
- "In the morning / afternoon / evening I …"
- "At the weekend I …"
- "On Monday / Tuesday / … I …"

1 pt.

football	breakfast	school	music
TV	horse	pizza	facebook
cinema	shopping	hockey	homework

Police job

Walk around and find out what the people are doing.
Write sentences and use the present progressive.

1 pt.

Example: Tina is talking to Susan at the moment.

Kristina Hofmann: Englischunterricht auf Schulhof & Co. Klasse 5/6
© Auer Verlag

Pantomime acting

Every pupil takes five pantomime cards. Act out *(vorspielen)* the activity.
Your partner must guess what you are doing. Use the present progressive to name the activity.

Examples: You <u>are</u> swimm<u>ing</u> now. Lotte <u>is</u> runn<u>ing</u> now.

 3 pt.

STATION 3: PANTOMINE CARDS

opening the door	singing a song	sitting on a bench
carrying a bag	running fast	drawing a picture
playing table tennis	playing a game	reading a book
doing homework	eating a sandwich	riding a bike
buying a sandwich	laughing out loud	cleaning the window
watching TV	buying a drink	playing basketball

Kristina Hofmann: Englischunterricht auf Schulhof & Co. Klasse 5/6
© Auer Verlag

Reporter team

Find out more about your partner. Interview him/her and write down the questions and answers.

These phrases can help you:
- "What do/don't you like?"
- "Do you like …?"
- "What do you often/always/never/sometimes/… do?"
- "What about your hobbies?".

4 pt.

Writing

Choose five verbs. Write two sentences with each verb – one in the simple present and one in the present progressive.

Use the following words in your sentences: now, at the moment, often, usually, never, always, sometimes, every (day/week/weekend/summer/morning/evening), on (Mondays/Tuesdays/ …)

2 pt.

play	get up	eat	do homework
ride my bike	go swimming	go shopping	listen
read	watch	write	talk

Kristina Hofmann: Englischunterricht auf Schulhof & Co. Klasse 5/6
© Auer Verlag

Inhalt: Die Schüler übersetzen einen selbstverfassten Text und üben damit die Verwendung eines Deutsch/Englisch-Wörterbuchs ein.

Methodisch-didaktische Überlegungen: Dieser Übung sollte eine kurze Sequenz zur Verwendung eines Deutsch/Englisch-Wörterbuchs vorausgehen, denn in dieser Stunde sollen die Schüler die Arbeit mit dem Wörterbuch üben und dabei eine Routine entwickeln. Die Schüler schlagen zunächst einzelne Begriffe nach, umschreiben anschließend unbekannte Wörter auf Englisch und verfassen schließlich mithilfe des Wörterbuchs eine kurze Geschichte.

Der Schulhof und das Schulgeländer dienen als Impulsgeber; die Schüler stoßen auf unterschiedliche Gegenstände, deren englische Übersetzung ihnen noch nicht bekannt ist. – Zeitbedarf: 1–2 Unterrichtsstunden.

Kompetenzen: ein Deutsch/Englisch-Wörterbuch verwenden, eine selbstverfasste Kurzgeschichte mithilfe eines Wörterbuchs in die englische Sprache übersetzen

Benötigte Materialien/Vorbereitung: Wörterbücher (Deutsch/Englisch) in ausreichender Anzahl, evtl. *How to use a dictionary* (▶ S. 42) in ausreichender Anzahl kopieren, evtl. 1 Reflexionsbuch pro Schüler

Durchführung/Aufgabenstellungen	*Anmerkungen/Tipps*
Einstieg Der Lehrer trifft die Schüler auf dem Schulhof und lässt sie die Umgebung beschreiben. Sobald ein Schüler bei der Beschreibung einen deutschen Gegenstand nennt, weil er das englische Wort nicht weiß/kennt, wirft der Lehrer die Frage in den Raum, was in einer solchen Situation Abhilfe schafft: das Wörterbuch.	
Erarbeitung 1 Der Lehrer teilt die Schüler zunächst paarweise ein und gibt den Arbeitsauftrag für die Partnerarbeit: Die Schüler sollen gemeinsam möglichst viele Gegenstände notieren, die sie auf dem Schulhof und im Schulgebäude entdecken. Hierfür stehen ihnen 5 Minuten zur Verfügung. Anschließend übersetzen die Schüler gemeinsam die gesammelten Begriffe in die englische Sprache. Dabei nutzen sie für unbekannte Wörter das Wörterbuch (Deutsch/Englisch).	*Je nach Leistungsniveau können Sie vor der Erteilung des Arbeitsauftrags die Regeln zur Wörterbucharbeit von den Schülern im Plenum nennen lassen.* *Ggf. kann es hilfreich sein, die Anleitung How to use a dictionary (▶ S. 42) als Hilfestellung an leistungsschwächere Schüler auszuteilen.*

Kristina Hofmann: Englischunterricht auf Schulhof & Co. Klasse 5/6 © Auer Verlag

Erarbeitung 2 Im nächsten Schritt treffen zwei Schülerpaare aufeinander und stellen sich ihre übersetzten Begriffe vor. Unbekannte Wörter sollen umschrieben werden. Der Lehrer erteilt nun den Arbeitsauftrag, sich auf zehn Begriffe zu einigen. Dieser Gruppenarbeit schließt sich nun eine Einzelarbeitsphase an. Die Schüler formulieren mit den gewählten Wörtern unter Verwendung des Wörterbuchs eine kurze Geschichte.	*Geben Sie evtl. Hilfen zur Umschreibung von Begriffen vor. Diese könnten sein:* • *It's another word for …* • *It's the opposite of…* • *You need it to …* • *You can find it …*
Präsentation Die Schüler treffen sich nun in ihrer Stammgruppe (bestehend aus den zwei Paaren) und stellen sich ihre Geschichten vor.	*Die Präsentation in Kleingruppen bietet einen geschützten Raum für Schüler und stellt die Honorierung aller Gruppen sicher. Alternativ können Sie die Geschichte auch von einigen (freiwilligen) Schülern im Plenum vorstellen lassen.*
Reflexion Die Schüler tauschen sich im Plenum kurz über den Umgang mit dem Wörterbuch aus. Mögliche Reflexionsfragen: • *What was difficult about working with a dictionary?* • *What was easy about working with a dictionary?* • *What do you think about lessons outside the classroom?*	*Es bietet sich an, ein Reflexionsbuch einzuführen, in dem jeder Schüler seine persönliche Reflexion notiert. Es sollen sowohl persönliche Empfindungen als auch Ratschläge zur Gruppenarbeit festgehalten werden. Das Buch kann regelmäßig zur Dokumentation eingesetzt werden oder um sich bei neuen Arbeitsaufträgen Anregungen für den Arbeitsprozess zu holen.*
Sicherung Die Schüler erhalten vom Partner zehn deutsche Begriffe von der Sammelliste und übersetzen diese mithilfe des Wörterbuchs als Hausaufgabe.	

 **Möglichkeiten der Weiterarbeit:**

- unregelmäßige Verben im Wörterbuch nachschlagen und deren *Past participle*-Form herausfinden
- Kurzgeschichten / Songtexte mithilfe von Wörterbüchern übersetzen
- Wörterbuchsuchspiele spielen: Wer findet die Bedeutung eines genannten Wortes am schnellsten?
- die Bedeutung von Redewendungen recherchieren und eine schriftliche Sammlung erstellen

So benutzt du ein zweisprachiges Wörterbuch (Deutsch/Englisch)

1. Welches Wort möchtest du nachschlagen? Notiere es:

_____

2. Mit welchem Buchstaben beginnt dein Wort? Notiere ihn:

_____

3. Nimm nun das Wörterbuch zur Hand.

   • Alle Stichwörter sind alphabetisch geordnet, also z. B.: *l* vor *m*, *la* vor *le* …

   • Die Zahlen 1, 2, 3 … zeigen, dass ein Stichwort mehrere oder verschiedene Bedeutungen hat.

   • Beispielsätze und Redewendungen sind dem Stichwort zugeordnet.

   • Eine geschlängelte Linie ersetzt das Stichwort in Beispielsätzen und Redewendungen.

   • Außerdem findest du Hinweise auf unregelmäßige Verbformen oder auf die Steigerungsformen der Adjektive etc.

   • Die Lautschrift erklärt, wie das Wort ausgesprochen und betont wird.

   • Verben musst du im Infinitiv suchen, z. B.: gerannt → rennen …

 **Tipp:** Die Leitwörter oben auf der Seite helfen dir, das Wort zu finden, nach dem du suchst.

Kristina Hofmann: Englischunterricht auf Schulhof & Co. Klasse 5/6
© Auer Verlag

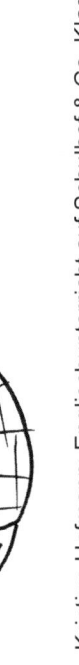

Inhalt: Die Schüler wiederholen und üben die Verwendung von Präpositionen ein.

Methodisch-didaktische Überlegungen: Die richtige Verwendung der englischen Präpositionen bereitet Schülern oftmals Schwierigkeiten. Gerade in den Klassen 5/6, in denen die Schüler viele Präpositionen lernen, kommt es oft zu Verwechslungen. In dieser Stunde beschäftigen sich die Schüler auf verschiedene Weisen mit Präpositionen: zunächst spielerisch, indem sie in Gruppen ein Standbild zu einer Präposition entwickeln. Anschließend gehen sie als Detektive auf die Suche nach Gegenständen auf dem Schulhof und im Schulgebäude und notieren sich stichpunktartig und unter Verwendung der Präpositionen, wo sich diese befinden. – Zeitbedarf: 1 Unterrichtsstunde.

Kompetenzen: Präpositionen richtig verwenden

Benötigte Materialien/Vorbereitung: Karteikarten, 1 dicker Filzstift, 1 *worksheet* (▶ S. 45) pro Gruppe kopieren, ggf. Schere

Durchführung/Aufgabenstellungen	Anmerkungen/Tipps
Einstieg Die Klasse versammelt sich auf dem Schulhof, der Lehrer deutet auf einen Gegenstand und fragt nach dessen Standort (z. B. *"Where is the tree?"*). In einem Lehrer-Schüler-Gespräch sammelt die Klasse nun alle bekannten Präpositionen und schreibt diese auf Karteikarten.	*Achten Sie darauf, dass die Schüler den Standort mittels Präpositionen beschreiben (z. B. "It is next to the bench.")* *Stellen Sie sicher, dass alle Präpositionen genannt werden, und unterstützen Sie ggf. durch Fragen.*
Erarbeitung 1 Der Lehrer teilt die Schüler in Dreiergruppen ein. Alle Gruppen sollen nun nach Ansage einer Präposition versuchen, diese in einem Standbild darzustellen. Anschließend erklären einzelne Gruppen unter Verwendung der Präposition ihr Standbild (z. B. *"Viki is in front of Luke."*)	*Greifen Sie bei dem ersten Standbild unterstützend ein, sodass den Schülern die Vorgehensweise verdeutlicht wird.* *Nutzen Sie ggf. auch die Karteikarten (Mögliche Präpositionen: on, at, in, between, above, in front of, behind).*
Erarbeitung 2 Die Schüler suchen in ihrer Dreiergruppe mithilfe des *worksheet* (▶ S. 45) die vorgegebenen Gegenstände und machen sich Notizen zu deren Standort. Anschließend schreiben die Schüler unter Verwendung der angegebenen Präpositionen Sätze über den Standort der Gegenstände.	*Geben Sie hier eine Zeitvorgabe (ca. 10 Minuten) an, da sich einige Schüler sonst in der Zeit verschätzen und zu lange suchen.*

	Sie können eine Differenzierung vornehmen, indem Sie leistungs-stärkere Schüler das worksheet *ohne die Vorgabe der Präposi-tionen bearbeiten lassen. Hierfür können Sie die Präpositionen einfach unten abschneiden.*
Präsentation Die Gruppen kommen wieder an einem vorab festgelegten Ort auf dem Schulhof zusammen und lesen ihre Sätze vor. Evtl. kann bei einigen Sätzen überprüft werden, ob diese richtig sind und die passende Präposition verwendet wurde, indem die Klasse den Ort aufsucht.	
Reflexion Die Schüler tauschen sich in einem Plenumsgespräch zu dieser Einheit aus. Mögliche Reflexionsfragen: • *What do you like about the lesson today?* • *What about your time management? Did you have enough time?* • *What was good / not so good about your teamwork?*	
Sicherung Die Schüler beschreiben als Hausaufgabe ihr Zimmer, indem sie zu jeder Präposition auf dem *worksheet* einen Satz schreiben.	

Möglichkeiten der Weiterarbeit:

• ein Präpositionen-Plakat erstellen: Dazu visualisieren die Schüler die Präpositionen auf einem Plakat, sodass mithilfe der Zeichnungen die Bedeutungen der Präpositionen erkennbar werden. Das Plakat kann im Klassenzimmer aufgehängt werden.

• Übungen zur *word order* durchführen: Die Schüler bringen Satzteile in die richtige Rei-henfolge und beachten dabei die Regeln Subjekt – Verb – Objekt sowie Ort vor Zeit.

• Präpositionen für Zeitangaben thematisieren, z. B.: *at the weekend, in the morning, at 12 o'clock* etc.

• die Verwendung von *There is / are* einführen, z. B.: *There is an apple on the table and a cat under the chair.*

Kristina Hofmann: Englischunterricht auf Schulhof & Co. Klasse 5/6
© Auer Verlag

Welcome to our detective academy

Find the following things on the schoolyard or inside the school. Take notes and write a sentence about where to find each thing. Use a preposition in each sentence.

What?	Where?
toilet sign	
bench	
red door	
photos of the teachers	
bin	
a sign with the number 1	

The preposition cards can help you:

on	at	next to	between	under
over	in front of	behind	above	in

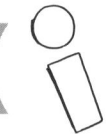

Inhalt: Die Schüler setzen eine Bildergeschichte sprachlich und szenisch um und stellen diese Umsetzung vor.

Methodisch-didaktische Überlegungen: Die Schüler sollten mit dem Verfassen kurzer Dialoge zu Alltagssituationen vertraut sein, denn bei dieser Übung schreiben sie in Gruppen Dialoge anhand einer Bildergeschichte. Das Verfassen von Dialogen und deren szenische Darstellung fördern sowohl die sprachlichen als auch die kommunikativen Kompetenzen der Schüler. Da die Geschichte einen Bezug zu der Welt der Schüler hat und eine Situation darstellt, die die Schüler kennen, fällt es ihnen leicht, sich in die Personen hineinzuversetzen und deren Gedanken wiederzugeben. Zusätzlich, ermöglicht die Vorbereitung von Rollenspielen, dass die Schüler ihre eigenen Ideen einbringen und kreativ arbeiten. Dies fördert gerade leistungsschwächere Schüler, die an dieser Stelle sprachlich von leistungsstärkeren Schülern profitieren und sich mit ihren kreativen Ideen einbringen können.

Das Schulgelände als Lernort bietet sich an, da die Schüler Freiraum zum Schreiben und zur ungestörten Vorbereitung der szenischen Umsetzung benötigen. Darüber hinaus dient der Schulhof als authentische Kulisse, da die Bildergeschichte auf dem Schulgelände spielt und die Schüler die örtlichen Gegebenheiten nutzen können. Die Schüler können sämtliche Realien, die sie auf dem Schulhof finden, verwenden und diese zweckentfremden. Der Lehrer sollte einen *help desk* für Fragen einrichten und Wörterbücher zur Verfügung stellen.

Jede szenische Umsetzung wird mit einem kurzen englischen Feedback durch die Mitschüler honoriert. – Zeitbedarf: 2 Unterrichtsstunden.

Kompetenzen: Wortschatz erweitern, selbstständig Dialoge verfassen, eine Bildergeschichte szenisch umsetzen, mithilfe von *feedback phrases* ein objektives und motivierendes Feedback geben

Benötigte Materialien / Vorbereitung: 1 *picture story* (▶ S. 48) einzeln kopieren, auseinanderschneiden und ggf. laminieren sowie pro Schüler kopieren, evtl. Karteikarten, evtl. 1 dicker Filzstift, evtl. Pinnwand, evtl. Pinnnadeln, Wörterbücher (Deutsch / Englisch), 1 Feedback-Bogen (▶ S. 50) pro Schüler kopieren, evtl. 1 Reflexionsbuch pro Schüler

Durchführung / Aufgabenstellungen	Anmerkungen / Tipps
Einstieg Der Lehrer begrüßt die Schüler auf dem Schulhof. Er zeigt das erste Bild der *picture story* (▶ S. 48) und lässt dieses von den Schülern beschreiben. Er fragt, wie die Geschichte weitergehen könnte.	*Wichtige Begriffe können von Schülern auf Karteikarten notiert und diese auf einer Pinnwand fixiert werden.*
Erarbeitung 1 Der Lehrer teilt die Schüler in Dreiergruppen ein, sodass jeder Schüler die Rolle einer Figur übernimmt. Er nennt den Arbeitsauftrag und teilt die *picture story* (▶ S. 48) aus. Die Schüler schreiben die Dialoge und bereiten ihre szenische Umsetzung vor. Hilfe können sie am *help desk* einholen, wo auch Wörterbücher ausliegen.	*Sie können hier eine heterogene Einteilung vornehmen, sodass leistungsstärkere Schüler leistungsschwächere unterstützen.*

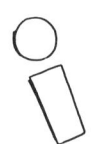
Erarbeitung 2 Vor der Präsentation im Plenum stellen sich jeweils zwei Gruppen ihre szenischen Umsetzungen gegenseitig vor und beraten sich, indem sie sich Tipps geben und Verbesserungsvorschläge machen. Im Anschluss können die Gruppen ihre Darstellung kurz überarbeiten.	*Die Präsentation in kleinem Rahmen empfinden viele Schüler als schützend, dies senkt die Nervosität vor der Präsentation im Plenum.* *Verbesserungsvorschläge können sein: lauter sprechen, die Mimik oder Körpersprache verbessern etc.*
Präsentation Die Gruppen stellen die szenische Umsetzung der Bildergeschichte im Plenum vor. Die Mitschüler geben nach jeder Vorstellung ein Feedback mittels eines Feedback-Bogens (▶ S. 50).	*Weisen Sie darauf hin, dass das Feedback möglichst positiv formuliert werden soll und keine beleidigenden Aussagen getroffen werden. Ggf. können leistungsstärkere Schüler zur Differenzierung ohne den Feedback-Bogen Rückmeldungen geben.*
Reflexion Die Schüler tauschen sich innerhalb ihrer Gruppe aus und thematisieren dabei folgende Reflexionsfragen: • *What do (don't) you like about the lesson today?* • *How did you feel during the presentation?* • *What rules for teamwork can you think of?*	*Führen die Schüler bereits ein Reflexionsbuch (▶ S. 40), würde sich hier ein neuer Eintrag in dem Buch anbieten.*
Sicherung Die Schüler überarbeiten ihre Dialoge nach dem Feedback ggf. noch einmal in der Gruppe und notieren ihre fertigen Dialoge im Englischheft.	

 **Möglichkeiten der Weiterarbeit:**

• zu kurzen Bildergeschichten einen Text verfassen

• ein Bild auswählen und eine Geschichte zu dem Bild verfassen

• ein Klassen-Story-Leseheft erstellen: Jeder Schüler schreibt eine Kurzgeschichte. Diese werden zu einem Buch zusammengefügt und an jeden Schüler ausgegeben.

• eine Lesestunde für Schüler der Parallelklassen organisieren

Kristina Hofmann: Englischunterricht auf Schulhof & Co. Klasse 5/6
© Auer Verlag

Look at the pictures and plan a role play with your group that goes with the pictures.

Write short dialogues for each character and act the story out.

Use the schoolyard as setting *(Kulisse)* and choose a special place on the schoolyard for your role play. You can use any setting you want.

Kristina Hofmann: Englischunterricht auf Schulhof & Co. Klasse 5/6
© Auer Verlag

 **Inhalt:** Die Schüler wiederholen den Wortschatz zum Thema *illness and health*, verfassen dazu einen Dialog und üben *role plays* ein.

 **Methodisch-didaktische Überlegungen:** Die Vorbereitung von *role plays* ist besonders motivierend für Schüler, sie wenden Sprache nicht nur in einer Alltagssituation an, sondern bringen zudem ihre Kreativität und eigene Ideen ein. Das Schulgelände dient als Impulsgeber und Kulisse. Die Schüler dürfen sämtliche Realien, die sie auf dem Schulhof finden, verwenden und zweckentfremden (z. B. Ast als Abhörgerät, Tischtennisplatte als Liege). Zusätzlich wird ein *help desk* durch den Lehrer angeboten. Dieser Stunde sollte die Erarbeitung des Wortschatzes zur Thematik *body parts* (s. The body, S. 9) vorangegangen sein. – Zeitbedarf: 2 Unterrichtsstunden.

 Kompetenzen: Wortschatz erweitern, grundlegende Fachbegriffe kennenlernen und verwenden, selbstständig Dialoge verfassen, eine vorgegebene Situation szenisch umsetzen, mithilfe von *feedback phrases* ein objektives und motivierendes Feedback geben

 Benötigte Materialien/Vorbereitung: 1 *worksheet* 1, 2 oder 3 (▶ S. 51–52) pro Gruppe kopieren, ausreichend Requisiten (Verband, Pflaster, Handy, Medizinpackung (z. B. mit Süßigkeitenverpackungen), Fieberthermometer, Handcreme, Brille, Handtuch etc.), Wörterbuch (Deutsch/Englisch), 1 *feedback questionnaire* (▶ S. 50) pro Schüler kopieren

Durchführung/Aufgabenstellungen	Anmerkungen/Tipps
Einstieg Der Lehrer begrüßt die Schüler auf dem Schulhof und vermittelt den Eindruck, dass es ihm heute nicht gut geht. Er versucht, den Schülern mitzuteilen, was ihm fehlt, allerdings hat er die Worte für die bereits bekannten Körperteile, auf die er während des Gesprächs deutet, vergessen. *("I feel sick today. My ... mmh"* – zeigt auf den Kopf – *"hurts and my ... mmh"* – zeigt auf die Beine – *"feel weak.")*. Die Schüler helfen dem Lehrer, der bei richtiger Nennung bestätigend nickt. Anschließend eröffnet der Lehrer den Schülern, dass sie heute ein *role play* zum Thema *illness and health* vorbereiten sollen.	*Alternativ können Sie auch mit einem Verband an der Hand erscheinen und den Schülern berichten, dass Sie sich gestern verletzt haben.*
Erarbeitung Der Lehrer teilt die Klasse in Paare ein. Jedes Paar erhält ein *worksheet* 1, 2 oder 3 (▶ S. 51–52). Die Schüler schreiben den Dialog und bereiten das *role play* vor. Hierfür stehen verschiedene Requisiten und ein Wörterbuch am *help desk* zur Verfügung.	*Sie können hier eine Differenzierung vornehmen:* worksheet 1: *leicht* worksheet 2: *mittel* worksheet 3: *schwer*

Präsentation Die Paare stellen den Dialog in Form eines *role plays* vor. Die Mitschüler geben nach jeder Präsentation ein Feedback mittels eines *feedback questionnaire* (▶ S. 50).	*Weisen Sie darauf hin, dass das Feedback möglichst positiv formuliert werden soll und keine beleidigenden Aussagen getroffen werden dürfen. Ggf. können leistungsstärkere Schüler zur Differenzierung ohne den feedback questionnaire Rückmeldungen geben.*
Reflextion Die Schüler äußern sich im Plenum zu dieser Stunde. Mögliche Reflexionsfragen: • *What was the most important thing you learned in today's lesson? Why?* • *What did you like about the pair work?* • *How do you feel when you act in front of the class?*	*Notieren Sie die Reflexionsfragen evtl. an der Tafel, wenn die Reflexion im Klassenzimmer durchgeführt wird.*
Sicherung Die Schüler erstellen eine Mindmap, in der alle wichtigen Wörter zum Thema *illness and health* gesammelt werden. Die Mindmap kann auch als Impuls dienen, um einen Kurztext verfassen zu lassen.	

Möglichkeiten der Weiterarbeit:

• Besuch beim Arzt oder Krankenbesuch im Krankenhaus nachstellen und dialogisieren

• Krankmeldungen als Brief, E-Mail oder mündlich formulieren

FEEDBACK QUESTIONNAIRE

Feedback phrases: Tips to give a feedback

Positive aspects:

Your role play / presentation was interesting / funny / fantastic …

I really like that …

You did a good job!

It was easy to understand.

Giving Tips:

You could improve *(verbessern)* your role play / presentation

I think it's better to …

My tip for you is …

Imagine your class is doing a project on the schoolyard tomorrow.
You don't feel well and so you call your friend.

Write a dialogue. One of you is the sick pupil and the other one his/her friend.

 These phrases can help you.

Sick person	Friend
Hi … It's me … I'm sick. I can't come to school tomorrow.	What happened?/Can I help you?
My stomach/back/head hurts.	Where does it hurt?
I've got a runny nose.	Do you have a temperature?
My arms/legs feel weak.	Are you alone at home? You should call your parents.
I have a headache/sore throat/pain in my …	You should see the doctor.
I've got a temperature.	I'll tell our teacher tomorrow.
My ears are sore. I can't hear any thing.	Poor you. I'll call you tomorrow after school.
I cut my finger.	Get well soon.

Imagine your class is doing a project on the schoolyard today. You were on the climbing frame and fell off. Now you have to go to your teacher and tell him.

Write a dialogue. One of you is the sick pupil and the other one is the teacher.

 These phrases can help you.

Sick person	Teacher
I fell of the climbing frame.	What happened? How can I help you?
My stomach/back/head/arm/hand/leg/foot hurts.	Don't worry – I'm here and I can help you now.
I think my arm/leg/hand is broken.	Can I have a look?
My arms/legs feel weak.	Where does it hurt?
My finger/hand/leg/foot/nose is bleeding.	Your temperature is normal/a little high/very high.
Can you/I call my parents/mother/father …?	Do you have allergies?/Are you allergic to anything?
	I think you are in shock.
	I'll take you to hospital/home/the doctor's.

Kristina Hofmann: Englischunterricht auf Schulhof & Co. Klasse 5/6
© Auer Verlag

Imagine your class is doing a project on the schoolyard today.
You don't feel well and so you go to your teacher and tell him.

Write a dialogue. One of you is the sick pupil and the other one is the teacher.

 These phrases can help you.

Sick person	Teacher
I feel sick.	How can I help you?/What's the problem?
My stomach/back/head hurts.	How long have you been feeling like this?
I've got a runny nose.	Can I have a look?
My arms/legs feel weak.	Where does it hurt?
I have a headache/sore throat/pain in my …	Your temperature is normal/a little high/very high.
I've got a temperature.	Open your mouth, please. Cough, please.
My ears are sore. I can't hear anything.	Do you have allergies?/Are you allergic to anything?
I cut my finger.	You should see the doctor.

Inhalt: Die Schüler planen in Gruppen im Rahmen eines projektorientierten Vorgehens ein Interview mit einem Schulangestellten, führen dieses durch und reflektieren die Projektarbeit abschließend.

Methodisch-didaktische Überlegungen: Um ggf. die Schule, nach einem Schulwechsel o. Ä., besser kennenzulernen, führen die Schüler im Rahmen eines Projektes ein Interview mit einem Schulangestellten (z. B. Hausmeister, Sekretärin, Mediatheksangestellter, Mensaangestellter, Schulleiter, Lehrer etc.). Als Vorbereitung sollten die Schulleitung sowie die Interviewpartner vorab informiert werden, dabei sollte unbedingt darauf hingewiesen werden, dass die Befragung auf Englisch stattfinden wird.

Während das Interview in Englisch vorbereitet und durchgeführt wird, sind die Projektdokumentation und die Reflexion in der Muttersprache möglich. Die Erarbeitung und Präsentation in Gruppen gibt den Schülern Sicherheit und lässt sie nicht alleine in der Verantwortung. Für dieses Projekt sollten ausreichend Zeit und Raum zur Verfügung stehen. – Zeitbedarf: 4 Unterrichtsstunden.

Kompetenzen: Gesprächsregeln kennen und einhalten, ein Interview planen und durchführen, eigene Lernprozesse dokumentieren, mediengestützt präsentieren

Benötigte Materialien/Vorbereitung: 1 *project plan* (▶ S. 55) pro Gruppe kopieren, 1 *worksheet* (▶ S. 56) pro Schüler kopieren, 1 Plakat pro Gruppe, Fotoapparat, 1 *feedback questionnaire* (▶ S. 50) pro Schüler kopieren, 1 *reflection form* (▶ S. 57) pro Schüler kopieren, evtl. Plakat, 1 dicker Filzstift

Durchführung/Aufgabenstellungen	Anmerkungen/Tipps
Einstieg Die Schüler sollen eine Person aus dem Schulalltag anhand eines Plakats und eines von ihnen geführten Interviews vorstellen. Folgende Planungsschritte werden im Plenum besprochen: 1. Wahl eines Interviewpartners 2. Terminvereinbarung mit dem Interviewpartner 3. Interview vorbereiten, durchführen und auswerten 4. Präsentation vorbereiten Nachdem die zentrale Aufgabenstellung sowie die einzelnen Planungsschritte in der Klasse besprochen wurden, können die Schüler eigenständig an die Umsetzung des Interviews gehen. In Dreiergruppen planen sie das Interview mithilfe der Planungsschritte und bearbeiten dazu den *project plan* (▶ S. 55). Am Ende jeder Stunde sollen die Gruppen hier auch festhalten, welche Aufgaben erledigt wurden, damit jederzeit der Stand der Arbeit ermittelt werden kann.	*Es ist wichtig, dass die Schüler für die Planung ihrer Arbeit den zur Verfügung stehenden Zeitrahmen kennen. Transparenz sowie die Planungsschritte unterstützen vor allem leistungsschwächere Schüler bei der Organisation des Interviews und geben Sicherheit.* *Rufen Sie die Schüler nach ca. 10 Minuten wieder zusammen, sodass jede Gruppe im Plenum bekannt geben kann, wen sie befragen möchte, damit eine Person nicht mehrmals interviewt wird.*

	Die Dokumentation jeder Stunde erhöht das Pflichtbewusstsein der Schüler, alle Aufgaben rechtzeitig zu erledigen.
Erarbeitung Die Schüler erhalten das *worksheet* (▶ S. 56) und notieren in Einzelarbeit mögliche Fragen für das Interview (Aufgabe 1). Jeder Schüler stellt die Fragen innerhalb der Gruppe vor. Gemeinsam einigen sich die Schüler auf mindestens zehn Fragen (Aufgabe 2). Sie beschäftigen sich im nächsten Schritt mit den Planungsaufgaben und verteilen diese innerhalb der Gruppe (z. B. Fragebogen erstellen, Terminvereinbarung treffen, wer übernimmt welche Aufgabe/n während des Interviews etc.) Die Schüler verlassen nach der Planungsphase den Klassenraum und arbeiten in den nächsten Stunden eigenständig an ihrem Projekt weiter. Als Präsentationsmedium stehen ihnen Plakate zur Verfügung.	*Hier kommt die Methode Think-Pair-Share zum Einsatz.* *Zu Beginn jeder Stunde sollten Sie auf die verbleibende Zeit aufmerksam machen.* *Bieten Sie die Möglichkeit an, ein Foto des Interviewten für die Plakate zu machen.*
Präsentation Die Schüler präsentieren ihre Interviews und stellen den Schulangestellten anhand eines Plakats vor. Im Anschluss an jede Präsentation geben die Mitschüler ein Feedback mittels eines *feedback questionnaires*. (▶ S. 50).	*Weisen Sie darauf hin, dass das Feedback möglichst positiv formuliert werden soll und keine beleidigenden Aussagen getroffen werden dürfen. Ggf. können leistungsstärkere Schüler zur Differenzierung ohne den* feedback questionnaire *Rückmeldungen geben.*
Reflexion und Sicherung Die Schüler bearbeiten das *reflection form* (▶ S. 57) und reflektieren das Projekt mündlich im Plenum. Es bietet sich an, im Anschluss an die Reflexion Regeln für Gruppenprojekte zu formulieren. Diese können auf einem Plakat visualisiert und im Klassenzimmer aufgehängt werden.	

 **Möglichkeiten der Weiterarbeit:**

- eine Informationsbroschüre oder eine Wandzeitung zum Schulleben gestalten
- einen Beitrag für die Internetseite der Schule schreiben

Kristina Hofmann: Englischunterricht auf Schulhof & Co. Klasse 5/6
© Auer Verlag

Unser Projekt: _____

Gruppenmitglieder: _____

To-do-Liste:

Listet alle zu erledigenden Aufgaben in der Tabelle auf. Organisiert untereinander, wer welche Aufgabe/n übernimmt und haltet dies ebenfalls schriftlich fest.

Diese Aufgaben müssen wir erledigen:	Wer?	erledigt ✔

1. Individual work

Write down questions you would like to ask your interview partner. Write <u>full sentences</u>.

Think of:
- his or her working day
- jobs he or she must do
- positive aspects
- problems
- working hours

_____

_____

_____

_____

_____

_____

_____

_____

_____

_____

_____

_____

2. Group work

a) Every group member reads his/her questions to the others. Choose ten questions and write them down on a sheet of paper.

b) Talk about who is going to do what and fill in your project plan. Give the project plan to your teacher.

c) Start your project and remember that you have to fill out the project plan after <u>each</u> English lesson.

Kristina Hofmann: Englischunterricht auf Schulhof & Co. Klasse 5/6
© Auer Verlag

Reflexion des Projektes

Denke an das Projekt und eure Zusammenarbeit in der Gruppe. Lies nun die Fragen und beantworte diese in Bezug auf euer Projekt.

Was hast du Neues erfahren und gelernt? Was davon war besonders interessant für dich?	
Welche Aufgaben fielen dir / euch leicht?	
Was hat dir / euch Schwierigkeiten bereitet?	
Das lief gut.	
Das sollten wir beim nächsten Mal verbessern.	
Unsere Zusammenarbeit war …	
Wie beurteilst du die Arbeitsweise außerhalb des Klassenzimmers?	
Mit dem Ergebnis unserer Arbeit sind wir (nicht) zufrieden, weil …	
Wir würden uns folgende Note geben …	Note .... , weil

Kristina Hofmann: Englischunterricht auf Schulhof & Co. Klasse 5/6
© Auer Verlag

Inhalt: Die Schüler fertigen Dialoge zur Thematik *shopping and selling* an und setzen diese spielerisch in einem kurzen Theaterstück um.

Methodisch-didaktische Überlegungen: Die Vorbereitung von Theaterstücken ist besonders motivierend für die Schüler, da sie Sprache zum einen in einer Alltagssituation anwenden und zum anderen ihre Kreativität und eigene Ideen einbringen können. Die Schüler können sämtliche Realien, die sie auf dem Schulhof finden, verwenden und diese zweckentfremden (z. B. Tischtennisplatte als Marktstand, Steine als Ware etc.).

Um die Szenarien möglichst abwechslungsreich zu gestalten, bereiten die Schüler unterschiedliche Einkaufssituationen (z. B. Einkauf in einem Bekleidungsgeschäft, auf dem Wochenmarkt, im Supermarkt, im Kaufhaus und im Zeitungsladen) vor. Bei den Arbeitsaufträgen bzw. der Vergabe der Themen kann der Lehrer eine Differenzierung zwischen leistungsstarken und -schwächeren Schülern vornehmen. Es werden vier Optionen angeboten:
1. Leistungsschwache Schüler erhalten einen Dialog, den sie in einer szenischen Umsetzung wiedergeben (level 1).
2. Leistungsschwächere Schüler bereiten die szenische Umsetzung mithilfe von *help phrases* vor (level 2).
3. Leistungsstärkere Schüler erhalten deutschsprachige Informationen, die sie umsetzen sollen (level 3).
4. Leistungsstarke Schüler wählen eine Einkaufssituation (z. B. Supermarkt, Sportgeschäft, Wochenmarkt etc.) und erarbeiten selbstständig ohne Hilfsmittel eine szenische Umsetzung (level 4).

Zusätzlich wird ein *help desk* durch den Lehrer angeboten. Dieser Stunde sollte die Erarbeitung des Wortschatzes zum Thema *currency* vorangegangen sein. – Zeitbedarf: 2 Unterrichtsstunden.

Kompetenzen: selbstständig Dialoge zum Thema *shopping* verfassen und szenisch umsetzen, mithilfe von *feedback phrases* ein objektives und motivierendes Feedback geben

Benötigte Materialien/Vorbereitung: 1 Ball, 1 *worksheet* 1–4 (▶ S. 60–61) pro Gruppe kopieren, evtl. auseinanderschneiden und ggf. laminieren, Requisiten (z. B. Geldbeutel, Spielgeld, Tragetasche etc.), 1 *feedback questionnaire* (▶ S. 50) pro Schüler kopieren, 1 *worksheet* 5 (▶ S. 62) pro Schüler kopieren

Durchführung/Aufgabenstellungen	Anmerkungen/Tipps
Einstieg Der Lehrer begrüßt die Schüler in einem Sitzkreis auf dem Schulhof und erzählt, wofür er oft Geld ausgibt (z. B. *"I often spend my pocket money on CDs, DVDs and clothes."*). Anschließend nennt er den Namen eines Schülers, rollt dem Schüler einen Ball zu und fordert ihn auf zu sagen, wofür er sein Taschengeld ausgibt. Dies wird solange fortgeführt, bis jeder Schüler dran war.	*Planen Sie für das Schüler-Lehrer-Gespräch ca. 10 Minuten ein. Es handelt sich hierbei um einen natürlichen Gesprächsanlass aus der Welt der Schüler und jeder Schüler sollte die Möglichkeit bekommen, sich zu äußern, wenn er möchte.*

Kristina Hofmann: Englischunterricht auf Schulhof & Co. Klasse 5/6
© Auer Verlag

Nach dieser Einführung teilt der Lehrer den Schülern mit, dass sie heute ein Theaterstück zum Thema *shopping* vorbereiten sollen. Hierfür wird die Klasse in Zweier- und Dreiergruppen eingeteilt.	*Bei leistungsstärkeren Schülern können Sie Nachfragen stellen (z. B. "How often do you ...? How many stamps ...?").*
Erarbeitung Jedes Team erhält ein *worksheet* 1, 2, 3 oder 4 (▶ S. 60–61) mit dem Arbeitsauftrag. Die Schüler wählen einen Schauplatz auf dem Schulhof und bereiten das Theaterstück vor. Hierfür stehen ihnen Requisiten (z. B. Geldbeutel, Spielgeld, Tragetasche etc.) zur Verfügung.	*Nehmen Sie hier eine Differenzierung vor (s. methodisch-didaktische Überlegungen, S. 58)*
Präsentation Die Gruppen stellen das Theaterstück vor. Die Mitschüler geben nach jedem Theaterstück ein Feedback mittels eines *feedback questionnaires* (▶ S. 50).	*Weisen Sie darauf hin, dass das Feedback möglichst positiv formuliert werden soll und keine beleidigenden Aussagen getroffen werden dürfen. Ggf. können leistungsstärkere Schüler zur Differenzierung ohne den* feedback questionnaire *Rückmeldungen geben.*
Reflexion Die Schüler reflektieren ihre Erfahrungen im Sitzkreis in einem Blitzlicht. Zur Unterstützung wird der Ball weitergegeben. Derjenige, der ihn in den Händen hält, hat das Wort. Da die Schüler ihre persönlichen Gedanken eingebracht haben und es einigen Schülern nicht leicht fällt, sich vor anderen Schülern, gerade in einer Rolle, darzustellen, bieten sich folgende Reflexionsfragen an: • *How did you feel?* • *What did you like?* • *In which situation didn't you feel well?*	
Sicherung Abschließend können die Schüler das *worksheet* 5 (▶ S. 62) als Hausaufgabe bearbeiten.	

 **Möglichkeiten der Weiterarbeit:**

- eigenständig einen schriftlichen Verkaufsdialog, z. B. im Kaufhaus, im Supermarkt, im Zeitungsladen, auf dem Wochenmarkt, im Sportgeschäft verfassen
- Wortschatz zum Thema *(birthday) party* erarbeiten und ein Fest planen

Shopping situation – level 1

You are in a department store and you talk to the shop assistant. Read the dialogue and act it out.

shop assistant:	Hello, can I help you?
customer:	Yes, I am looking for a T-shirt.
shop assistant:	Sure, do you like a special colour?
customer:	Yes, I like the colours blue, green and black.
shop assistant:	OK, what is your size?
customer:	I need a medium.
shop assistant:	What about this one?
customer:	Mmmh, I don't know.
shop assistant:	No problem. What about this blue one?
customer:	Yes, that's nice.
shop assistant:	And what about this one?
customer:	This one is nice, too. Can I try it on?
shop assistant:	Yes, of course. The fitting rooms are over there.
customer:	OK, thanks.
shop assistant:	Do you like it?
customer:	Yes, it's nice. I'll take it.
shop assistant:	Great. That's fifteen pounds, please.
customer:	OK. Here you are.
shop assistant:	Thank you. Goodbye and have a nice day.
customer:	Thanks, you too.

Shopping situation – level 3

You and your friend are in a clothing shop and you talk to the shop assistant. Read the sentences and translate them into English. Write down the dialogue and act it.

shop assistant:	Begrüße die beiden Freunde und frage, ob du ihnen helfen kannst.
you:	Sage höflich, dass du nach einem schönen Kleid in Größe M suchst.
shop assistant:	Zeige dem Kunden zwei Kleider in Größe M.
you:	Bedanke dich und entscheide dich für ein Kleid. Frage nach, ob du es anprobieren kannst.
shop assistant:	Bejahe die Frage.
you:	Frage deinen Freund, ob das Kleid gut aussieht.
friend:	Sage, dass dir das Kleid gefällt. Frage, ob es deinem Freund auch gefällt.
you:	Antworte, dass dir das Kleid sehr gut gefällt.
shop assistant:	Frage den Kunden, ob er das Kleid haben möchte.
you:	Bejahe die Frage.
friend:	Sage deinem Freund, dass ihr euch beeilen müsst. Der Bus kommt in zehn Minuten.
you:	Bedanke dich für die Hilfe.
friend:	Verabschiede dich.
you:	Verabschiede dich.

Kristina Hofmann: Englischunterricht auf Schulhof & Co. Klasse 5/6
© Auer Verlag

Shopping situation – level 2

You are in a department store and you talk to the shop assistant.
Read the sentences, write down a dialogue and act it out.

Attention: The sentences are mixed up *(vermischt)*.

Yes, I am looking for a T-shirt / a skirt / trousers …	Sure, do you like a special colour or style?
Hello, can I help you?	No, not really. / Yes, I like the colours yellow, green, blue …
OK, what is your size?	I need a small / medium / large / …
No, I don't like it. / Yes, it's nice.	What about this one?
You can try it on.	You can go to the fitting rooms over there.
OK, thanks. I'll try it on.	Mmmh, I don't know.
Do you like it?	That's …. pounds, please.
Have a nice day.	Thanks, you too.
Yes, it's nice. I'll take it. / No, I don't like it.	Here you are.

Shopping situation – level 4

Kristina Hofmann: Englischunterricht auf Schulhof & Co. Klasse 5/6
© Auer Verlag

<u>Work in a group of three pupils:</u> You and your friend are in a DVD-shop. You are looking for a present for your brother. Your friend also wants to spend his / her pocket money on a new DVD. Talk to the shop assistant. Write down a dialogue and act it out.	<u>Work in a team of two pupils:</u> Your mother has sent you to the farmer's market. You have ten pounds and you must buy some vegetables for lunch and some fruit for you and your family. Talk to the shop assistant. Write down a dialogue and act it out.
<u>Work in a team of two pupils:</u> You are at a newsagent because your grandpa wants a newspaper. He gave you ten pounds. You also want a magazine for yourself and some sweets. Talk to the shop assistant. Write down a dialogue and act it out.	<u>Work in a group of three pupils:</u> You and your friend are in a department store. You're looking for new sports shoes. Your friend has come with you to give you some tips. Talk to the shop assistant. Write down a dialogue and act it out.
<u>Work in a group of three pupils:</u> You and your friend are in a CD-shop. You are looking for a present for a friend. Talk to the shop assistant. Write down a dialogue and act it out.	<u>Work in a group of three pupils:</u> Think of a situation in the supermarket or in a shop. Two of you are customers and one of you is a shop assistant. Write down a dialogue and act it out.

In a department store

You are in a department store in your town and you want to buy cool trousers.
Write down a dialogue between yourself and the shop assistant.

Shop assistant:	You:
Hello, can I help you?	
We have got some very nice trousers. Look at these.	
They're a special offer *(Sonderangebot)* today. They're twenty pounds each.	
Yes, of course. You can try them on. What's your size?	
Do you like the colour?	
Blue? Yes they're really nice. Here you are.	
That's twenty pounds, please.	
Thank you. Have a nice day.	

Kristina Hofmann: Englischunterricht auf Schulhof & Co. Klasse 5/6
© Auer Verlag

Inhalt: Die Schüler entwickeln im projektorientierten Vorgehen in Gruppen die szenische Umsetzung einer Geschichte mit individuellem Ende.

Methodisch-didaktische Überlegungen: Die Schüler arbeiten mit einer lebensnahen Situation, die ihnen unter Umständen bekannt ist. Das szenische Darstellen des Kurztexts setzt voraus, dass die Schüler ein Verständnis für die Handlungsfiguren und deren Verhalten entwickeln. Sie müssen sich in die Personen hineinversetzen und diese Emotionen körperlich und sprachlich umsetzen. Das Projekt bietet den Schülern großen Freiraum und wirkt gerade dadurch besonders motivierend. Durch die spielerische Gestaltung und die geringen Vorgaben rückt die Kreativität der Schüler in den Vordergrund. Dabei erkennen vor allem auch leistungsschwächere Schüler ihre Stärken und erfahren Anerkennung, was wiederum deren Selbstvertrauen stärkt. Um der Kreativität freien Lauf zu lassen, wird das Klassenzimmer verlassen, der Schulhof kann zudem als Kulisse dienen.

Während das Theaterstück in Englisch vorbereitet und durchgeführt wird, sind die Projektdokumentation und die Reflextion in der Muttersprache möglich. Für dieses Projekt sollten ausreichend Zeit und Raum zur Verfügung stehen. – Zeitbedarf: 4 Unterrichtsstunden.

Kompetenzen: selbst verfasste Notizen strukturieren, Dialoge schreiben und überarbeiten, einen Text szenisch umsetzen, Verhalten und Eigenschaften von Figuren verstehen und darstellen, den eigenen Lernprozess dokumentieren

Benötigte Materialien / Vorbereitung: *Short story* (▶ S. 65), 1 *project plan* (▶ S. 56) pro Gruppe kopieren, 1 *worksheet* (▶ S. 66) pro Schüler kopieren, evtl. Wörterbücher (Deutsch / Englisch), 1 *feedback questionnaire* (▶ S. 50) pro Schüler kopieren, 1 *reflection form* (▶ S. 57) pro Schüler kopieren, evtl. Plakat, 1 dicker Filzstift

Durchführung / Aufgabenstellungen	Anmerkungen / Tipps
Einstig Zu Beginn der Stunde liest der Lehrer eine *short story* (▶ S. 65) vor und wartet die Schülerreaktionen ab. Als weiterer Impuls kann der Lehrer fragen, wie die Situation auf die Schüler wirkt, ob sie selbst schon einmal in einer ähnlichen Situation waren oder solche Situationen kennen. Nun nennt der Lehrer die zentrale Aufgabenstellung: Die Schüler sollen die Kurzgeschichte szenisch umsetzen, dazu Dialoge verfassen und sich in der Gruppe auf ein individuelles Ende der Geschichte einigen. Folgende Planungsschritte werden im Plenum besprochen: • ein Ende für die Geschichte überlegen • Beschreibung der Charaktere (Sicht- und Denkweise, Gefühle etc.) • den Text in Szenen aufteilen • Dialoge verfassen und überarbeiten • Rollen besetzen und die Präsentation planen • Schauplatz und Requisiten wählen • das Schauspiel proben	*Sie können an dieser Stelle bereits den Auftrag geben, dass die Schüler überlegen sollen, wie die Geschichte enden könnte.* *Es ist wichtig, dass die Schüler für die Planung ihrer Arbeit den zur Verfügung stehenden Zeitrahmen kennen. Transparenz sowie die Planungsschritte unterstützen vor allem leistungsschwächere Schüler bei der Organisation der szenischen Umsetzung und geben Sicherheit.*

Nachdem die zentrale Aufgabenstellung sowie die einzelnen Planungsschritte in der Klasse besprochen wurden, können die Schüler eigenständig an die Umsetzung des Theaterstücks gehen. Dazu werden sie in Dreiergruppen eingeteilt.	
In diesen Gruppen planen sie das Theaterstück mithilfe der Planungsschritte und bearbeiten dazu den *project plan* (▶ S. 56). Am Ende jeder Stunde sollen die Gruppen hier auch festhalten, welche Aufgaben erledigt wurden, damit jederzeit der Stand der Arbeit ermittelt werden kann.	*Die Dokumentation jeder Stunde erhöht das Pflichtbewusstsein der Schüler, alle Aufgaben rechtzeitig zu erledigen.*

Erarbeitung

Die Schüler erhalten das *worksheet* (▶ S. 66) und notieren in Einzelarbeit ihre Ideen für ein mögliches Ende der Geschichte (Aufgabe 1). Jeder Schüler stellt seinen Vorschlag innerhalb der Gruppe vor. Gemeinsam einigt sich die Gruppe auf ein Ende (Aufgabe 2) und bearbeitet die Aufgaben 3 und 4.	*Hier kommt die Methode Think-Pair-Share zum Einsatz.*
Die Schüler planen im nächsten Schritt die Aufgaben und verteilen diese innerhalb der Gruppe. Danach verlassen sie den Klassenraum und arbeiten eigenständig an ihrem Projekt weiter.	*Zu Beginn jeder Stunde sollten Sie auf die verbleibende Zeit aufmerksam machen.*
	An einem help desk *können Wörterbücher angeboten werden. Sie sollten jedoch darauf aufmerksam machen, dass nicht zu viele unbekannte Wörter verwendet werden sollten, da dies zu Verständnisproblemen bei den Zuschauern führt.*

Präsentation

Die Schüler stellen ihr Theaterstück den Mitschülern vor. Im Anschluss an jede Präsentation geben die Mitschüler ein Feedback mittels eines *feedback questionnaires* (▶ S. 50).	*Weisen Sie darauf hin, dass das Feedback möglichst positiv formuliert werden soll und keine beleidigenden Aussagen getroffen werden dürfen. Ggf. können leistungsstärkere Schüler zur Differenzierung ohne den Feedback-Bogen Rückmeldungen geben.*

Reflexion und Sicherung

Die Schüler bearbeiten das *reflection form* (▶ S. 57) und reflektieren das Projekt mündlich im Plenum.	
Es bietet sich an, im Anschluss an die Reflexion Regeln für Gruppenprojekte zu formulieren bzw. diese zu ergänzen (▶ S. 54). Diese können auf einem Plakat visualisiert und im Klassenzimmer aufgehängt werden.	

Kristina Hofmann: Englischunterricht auf Schulhof & Co. Klasse 5/6
© Auer Verlag

 **Möglichkeiten der Weiterarbeit:**

- einen kurzen Dialog zu einem Comic verfassen und vorstellen
- eine Pausentheateraufführung in der Schule / für die Parallelklasse planen und vorführen

SHORT STORY

Friendship problems

Sophie and Sabine are best friends. They are in the same class at Springfield school.

After school they go to Sophie's home and have lunch together every day. Sabine likes Sophie's Mum Anni. Anni always cooks lunch and helps the girls with their homework. After lunch and homework Sophie and Sabine play together and they talk about everything.

When they have problems, they sometimes ask Anni for help.

But now there is a new girl in the class. Her name is Patti. She is from Germany and she moved into the house next to Sabine. She is very pretty. She has long brown hair and she is always friendly. Everybody likes Patti. But there is a problem. Patti doesn't talk to Sophie. Sophie doesn't like Patti because Sabine doesn't have time for her anymore. Patti and Sabine are together all the time now. They are together during the break at school, they work together in the lessons and they meet after school. That's why Sophie is alone all the time.

Sophie is sad and she doesn't want to talk to Sabine at first. But then she says: "I'll visit grandma during the summer holidays for a week. Do you want to come with me? It'll be fun."

But Sabine doesn't want to come with her because she is going to spend the summer holidays with Patti. They will go to the shopping centre and to the cinema and when it gets warm they will go to the public swimming pool.

Sophie is sad. So she asks her Mum Anni for help …

Kristina Hofmann: Englischunterricht auf Schulhof & Co. Klasse 5/6
© Auer Verlag

Story theatre project

Individual work

1. Think of an ending to the story. Take notes.

_____

_____

_____

_____

_____

_____

Group work

2. Talk about your different ideas for an ending to the story and choose one idea that everybody in the group likes.

3. Think of the characters in your story. What do they think and feel? Take notes.

Sophie	
Sabine	
Patti	
Sophie's Mum Anni	

4. Now plan your project.

   a) Prepare your role play: Make a list of scenes. Take notes for each scene: Which characters are in the scene? What do they do and say?
   b) Write dialogues for each scene.
   c) Who is going to play the role of Sophie, Sabine, Patti and Anni?
   d) Find a place for your role play. What else do you need? Clothes, chairs …? Make a list.
   e) Act your play out. Make sure that you do not only recite (aufsagen) your text. Act out the person's feelings and emotions.
   f) Act out your play again and again and learn your text.

Kristina Hofmann: Englischunterricht auf Schulhof & Co. Klasse 5/6
© Auer Verlag

SPEAKING

Die optimale Ergänzung zu diesem Buch:

84 S., DIN A4
► Best-Nr. **07703**

Patrick Büttner, Laura Doernbach

Englisch kooperativ - Klasse 6

Kernthemen des Lehrplans mit kooperativen
Lernmethoden erfolgreich umsetzen

► Kooperative Lernkultur im Fach Englisch!

Die Materialien dieses Bandes decken alle wichtigen Themen der
Lehrpläne Englisch in Klasse 6 ab. Jedes Thema wird mit einer
oder auch mehreren kooperativen Lernmethoden verbunden und
mit ihrer Hilfe vermittelt. Gleichzeitig werden Kompetenzen wie
Interaktion, Kommunikation und Teamfähigkeit geschult.
Damit die Durchführung in der Unterrichtspraxis klappt, erhalten Sie Hinweise zur Durchführung, Methodensteckbriefe und
fachdidaktische Anmerkungen. Ebenfalls im Band enthalten
sind die passenden Materialien in Form von Arbeitsblättern als
Kopiervorlagen.

Die Themen dieses Bandes:

► Appointment | Exhibition | Partner teaching | Speed dating |
Think - Pair - Share

Die Themen dieses Bandes:

► Lehrerhinweise zu jedem Thema | über 45 Arbeitsblätter als
Kopiervorlagen | 5 Methodensteckbriefe zum kooperativen
Lernen | Lösungen in kompakter Form am Ende des Bandes

WWW.AUER-VERLAG.DE
WEBSERVICE

www.auer-verlag.de/go/
07703 ◄──┐

Blättern im Buch

Download

Leseprobe

Weitere Titel zu dem Thema:

Robert Kleinschroth, Pete
Oldham
**Sprechkompetenz-
Training im
Englischunterricht 5/6**
Lebensnahe Sprechanlässe
und vielfältige Aufgaben!
56 S., DIN A4
► Best-Nr. **07070**

Dr. Michael Klein-Landeck
66 Spielideen Englisch
Unkompliziert einsetzbare
Spielideen!
48 S., 16,5 x 23,5 cm
► Best-Nr. **06954**

Heidi Anders
**55 Stundeneinstiege
Englisch**
Einfach, kreativ, motivierend!
64 S., 16,5 x 23,5 cm
► Best-Nr. **06327**

Bestellschein (bitte kopieren und faxen/senden)

Ja, bitte senden Sie mir gegen Rechnung:

Anzahl	Best.-Nr.	Kurztitel
	07703	Englisch kooperativ - Klasse 6
	07070	Sprechkompetenz-Training im Englischunterricht 5/6
	06954	66 Spielideen Englisch
	06327	55 Stundeneinstiege Englisch

☐ Ja, ich möchte per E-Mail über Neuerscheinun-
gen und wichtige Termine informiert werden.

_____
E-Mail-Adresse

Auer Verlag
Postfach 10 11 54
86159 Augsburg

Fax: 0821 / 5 99 77 99–5
oder einfach anrufen:
Tel.: 0821/ 5 99 77 99–0
(Mo-Fr 8:00-20:00 & Sa 8:00-12:00)
E-Mail: info@auer-verlag.de

Absender: Aktionsnummer: 9066

_____
Vorname, Nachname

_____
Straße, Hausnummer

_____
PLZ, Ort

_____
Datum, Unterschrift

 1 Describing pictures

1 Match the prepositions to the correct German translations.

1. in the background	a) zwischen
2. in the foreground	b) vor
3. on the right	c) hinter
4. on the left	d) neben
5. on top	e) in der Nähe
6. on	f) auf der rechten Seite
7. under	g) obendrauf
8. in the middle	h) auf der linken Seite
9. between	i) unten
10. next to	j) im Vordergrund
11. near	k) unter
12. in front of	l) im Hintergrund
13. behind	m) in der Mitte
14. at the bottom	n) auf

1	2	3	4	5	6	7	8	9	10	11	12	13	14

2 Look at the pictures and fill in the correct prepositions.

1.

2.

The bike is _____ the trees.   The cat is _____ the dog.